【注】
本書は有毒で危険な植物について書かれています。本書は、植物に関する情報を紹介する読み物であり、医療的・実用的な用途での使用を目的としたものではありません。紹介する植物の誤用、悪用およびその結果、あるいは書かれている助言の誤解等から生じる一切の事象について、著者および監修者、翻訳者、出版者は一切の責任を負いません。

本書の植物分類は、APG体系（III）に基づいています。

Petit Grimoire de Sorciere
Potions & plantes magiques

First published in French by Rustica, Paris, France – 2017

Depot legal : août 2017

This Japanese edition was produced and published in Japan
in 2023 by Graphic-sha Publishing Co., Ltd.
1-14-17 Kudankita, Chiyodaku,
Tokyo 102-0073, Japan

魔女の秘薬事典

～忌《ゆ》々《ゆ》しくも美しい禁断のハーブ～

Auteur 著者紹介

エリカ・ライス（Erika Laïs）：著述家、翻訳家。植物や庭園の世界に魅せられ、『禁断の薬草事典 ～魔女の愛したポイズンハーブの世界～』（グラフィック社刊）のほか、『盆栽（*Bonsaïs*）』『薬草の本：薬草の効用（*Le Livre des simples – Les vertus des plantes médicinales*）』『魔女の手帖：私の魔法の植物（*Carnet de sorcière : mes plantes magiques*）』『秘薬（*Élixirs médicinaux*）』など、歴史と経験、実用的アドバイスを中心とした書籍を刊行（いずれも*éditions Rustica*刊）。『風水ガーデニング入門（*Le Grand Guide du jardin Feng Shui*）』など、翻訳も手がける。

AVERTISSEMENT 注記

本書に収録されている情報は専門家の監修を経て、入念に確認されたものではありますが、自然環境下での植物の形状はつねに不変で識別可能というわけではありません。その上種類も多様で、うっかり間違えてしまうほど類似した外見をしたものも多くあります。ほんの一枚のイラストと説明だけでは、植物を確実に見分けることはできません。

本書で紹介する植物の効用や危険についての記述は、それぞれの歴史的背景において認識されたものとご理解いただくようお願いいたします。本書に掲載されたすべての情報は、決して助言や推奨ではないことにご留意ください。

本書の利用、特に誤解や誤用により直接的、間接的に生じるあらゆる種類の被害について、著者および監修者、翻訳者、出版社は一切の責任を負いません。

SOMMAIRE もくじ

魔女のハーブの基礎知識

魔女のハーブ

魔女のハーブにはほかにも……

QUELQUES OBSERVATIONS POUR DÉBUTER

魔女のハーブの基礎知識

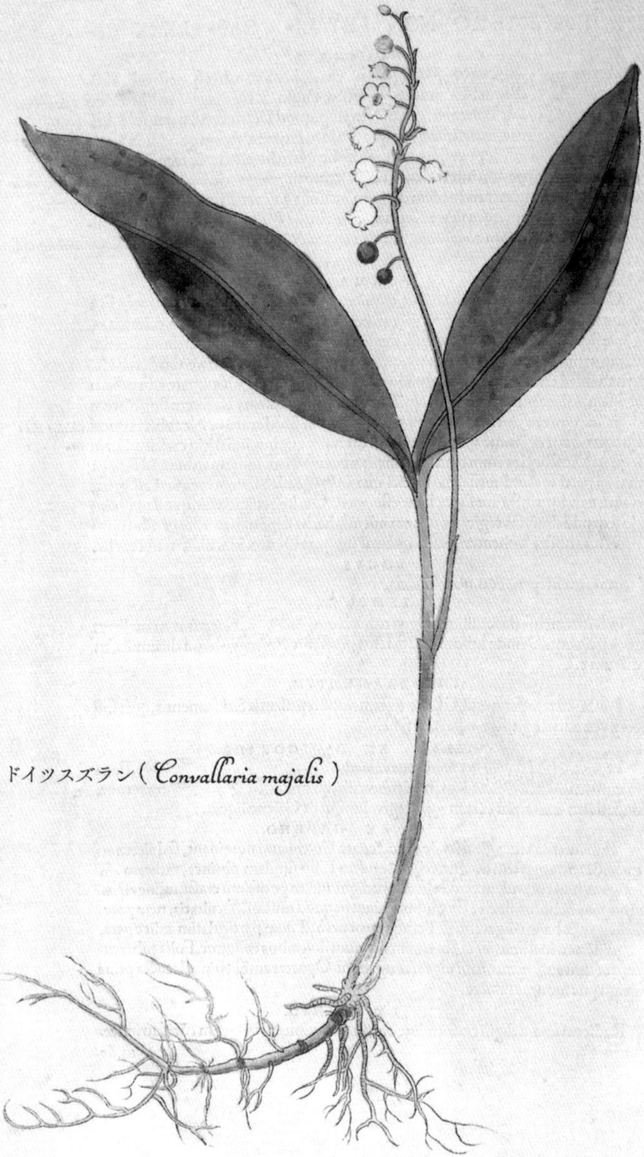

ドイツスズラン（*Convallaria majalis*）

Plantes magiques, jardins de sorcière

魔法のハーブ、魔女の庭

L いわゆる「魔女」のハーブは、個人の庭で栽培されることはほとんどありませんが、中世の庭をモデルとした特定のテーマに沿った、自治体や非営利団体の管理する庭は増える一方です。こうした「魔女の庭」ではズルカマラ（ツルナス）、ワスレナグサ、ヒヨス、ワイルドレタス、エニシダなどたくさんの薬草が栽培されています。魔女の軟膏、媚薬、護符、お守り、なめ薬、テリアカ〔解毒剤〕、そのほか古《いにしえ》の妙薬に重宝されていたのは、このような植物でした。

どの植物も「有毒」で「役に立たない」ため、現代の庭師からは顧みられることはなかったのですが、ある日、筆者の菜園に生えてきました。まず目を引いたのは、イヌホオズキ（*Solanum nigrum*）とヒヨス（*Hyoscyamus niger*）です。翌年にはセイヨウゴマノハグサ（*Scrophularia nodosa*）とドクムギ（*Lolium temulentum*）が現れました。きっと風か動物、あるいは氾濫水で種が運ばれてきたのでしょう。筆者はその美しさに心を奪われました。白い目で見られ、なおざりにされ、罪深いとされていた草花が、再びその存在を高らかに主張し始めたのです。

Les différents charmes

多様な魔力

I魔力は基本的に二つのタイプに分かれます。一つはポジティブな魔力で、けがや病気を癒したり、利益をもたらしたりします。もう一つはネガティブな魔力で、なにかを妨害したり無理強いしたりします。13世紀の神学者アルベルトゥス・マグヌスの言葉を借りれば、「あらゆる科学はそれ自体は善であるが、使い方によっては悪になりうる」のです。

本書ではポジティブな魔力の一つである「加護」を取り上げます（雷から身を守る、家畜の健康、豊作、カップルの愛情、充実した性生活、子どもの健康、繁栄のほか、裁判での勝訴などもこれに入ります）。

ネガティブな魔力の一つが欲望、嫉妬、人を傷つけたいという気持ちから来る呪いで、牛の乳が出なくなったり、小麦が汚染されたり、初夜の男性から能力を奪ったり、女性の生殖力を弱めたりします。18世紀のキリスト教会は特に生殖力の問題を極めて深刻に受け止め、司祭は結婚式の短い説教の中で夫婦の義務を説き、「結索やその他の魔法で〔女性の生殖を〕妨げようとする者」を破門に処すと脅かしました（フランソワ・ルブラン『アンシアン・レジーム期の結婚生活』）。

本書で取り上げる植物はこのどちらかに属しますが、「善」と「悪」の境界が必ずしも明確ではないことが明らかになってくるでしょう。たとえば麻酔作用のある植物（ケシ、マンドレイク、ヒヨスなど）は、手術前の患者を麻痺させるために使われていましたが、健康な人に投与すると、幻覚、幻影、「幽体離脱」を引き起こし、魔女のほうき（p.91「エニシダ」参照）で逃避できるかのような錯覚を与えました。ほんのささいなことが重なり、こうした植物は悪者扱いされるようになります。何世紀にもわたりヨーロッパに吹き荒れた魔女裁判の嵐は、深刻な影響を及ぼし、薬草や「魔法」の草花の効用に詳しい産婆たちを破滅に追い込みました。17世紀のフランス宮廷は妖術をめぐる一大スキャンダルに巻き込まれましたが、魔力を備えた植物がタブー視されるようになった要因には、ルイ14世の激しい怒りもあったのでしょう。こうした「不可解な」出来事への反発から、「啓蒙の世紀」と呼ばれた18世紀は分析的科学を推し進め、古い薬を一刀両断に退け、「おかみさんの薬」などと呼んで単なる迷信へと貶めてしまいました。

La recherche des plantes « de sorcière »

「魔女」のハーブ探し

I筆者の庭に自然に生えてきた「魔女」のハーブはそのまま定着したものの、従来の種苗店ではこれらの種子は手に入りません。そこで筆者は自然界で探すことにしました。この本では野生状態で採取した植物、人からいただいた植物について、それらの定植や世話に関する経験を紹介します。

留意しておかねばならないのは、土地には所有者がおり、基本的にいかなる採取も禁じられていることです。ただしある程度、許容はされています。一方、多くの植物種が国や地方の保護対象となっており、全体採取も部分採取（根は残しておいて地上部分のみを採取すること）も禁じられていますが、一定期間に限って採取が許可される場合もあります。フランスでは自治体に問い合わせるか、専門書（巻末の参考文献）を参考に、保護対象となっている種類を確認する必要があります。

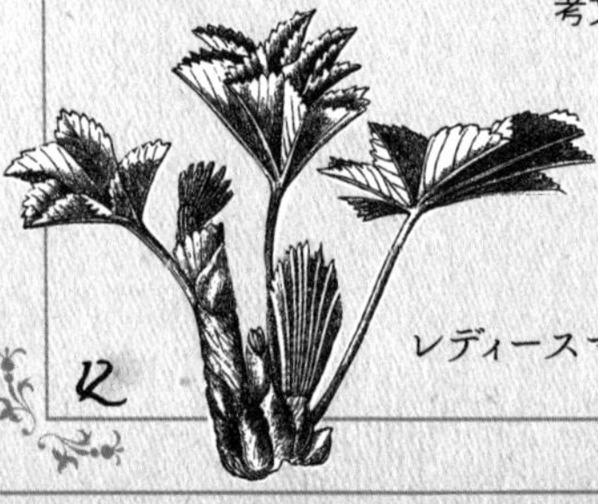

レディースマントル（*Alchemilla vulgaris*）

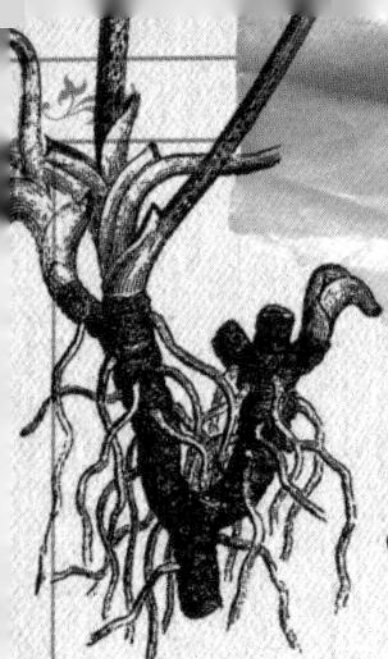

細根：細根とは植物の根のもっとも細い部分を指す。

Le prélèvement

採取の仕方

U 植物の採取と移動には、シャベル、小型のレーキ、剪定ばさみ、植物を持ち運ぶための小さな袋数枚、植物の細根が乾燥しないように濡らして使うキッチンペーパーが必要です。

できれば同日、遅くとも翌日までに植え替えることができないようなら、採取しないこと。翌日植え替える場合は、たっぷりと水を張った大きなバケツに入れて外に置いておきます。そして、保護対象の種ではなくても、植物を傷つけたり自生しているものを根こそぎ摘み取ったりするのは禁物です。優れた採取は、その痕跡さえ残しません。取り締まりの目が怖いからではなく、環境保護、そして他者の所有物への配慮の観点からです。

面白そうな植物を見つけたのに採取には時期が早すぎるという場合には、正確な場所をメモしておきます。このとき目印になるのが、変質しにくい植物（木や茂み）、川や水源からの距離、小さな橋、古壁などです。植物の近くに棒を立てたり、ラフィアなどの植物繊維を目立たないように茎に巻き付けたりして目印にしてもいいでしょう。たどってきた道もメモしておきましょう。たまたま通った道は後からは見つけにくいものです。

Le problème de la toxicité

毒性の問題

B「魔女」のハーブの多くには毒性があります。特にアルカロイド（たとえばベラドンナ、ヨウシュトリカブト、ヨーロッパイチイ）と乳液（とりわけヨウシュクサノオウやホルトソウ）です。けれども究極的には、どんな物質も摂取量や人体との接触の仕方によって危険になりえます。

ほとんどのアルカロイドは摂取すると毒になります。たとえば緑色のジャガイモに毒があることは、庭師の常識です。ヨウシュトリカブトなど一部のアルカロイドは、皮膚のバリアを通り抜けます。乳液は腐食性で、肌に作用します。これを利用したのがウオノメの治療薬です。本書は薬理学の本ではないので、植物のどのような成分が危険か、あるいは有効かについては扱いません。その代わり、各植物の項目には、必要に応じてその毒性や注意事項を記載しています。たとえば、ドイツスズランの項目には、この植物が非常に危険であることを記してあります。逆にセイヨウサンザシやクローバーは「魔女」のハーブでありながら、毒性は一切確認されていません。

本書はガーデニングをする人や夢想好きな人のための本です。前者については、筆者はまったく心配していません。ガーデニングをする人なら庭で何に注意すべきか、どのような農薬を使うかについて充分すぎるほどわかっていますし、毒草を軽視することもありません。後者については、各書で引用する文章からもわかる通り、植物には明らかな作用があることを念頭に置いていただきたいと思います。向こう見ずなことを試してみる前に、その働きについてしっかりと調べることが肝心です。各所で紹介する植物は、その存在がほとんど知られていないか、残念なことに敬遠されているかのどちらかです。けれども千年以上にわたり蓄積されてきた知識と、（毒性があるにもかかわらず）利用されてきた歴史を前にして、ここ200年ほどの不人気にどれだけの意味があるのでしょう。リスク回避とは無視することではなく、知識を深めることです。その意味で、子どもたち、特に自然との接触が薄れてしまった都市部の子どもたちが、いつか課外授業やサマースクールで見かけるかもしれない毒性のある植物やその各部を識別するときに、本書が助けとなれば幸いです。

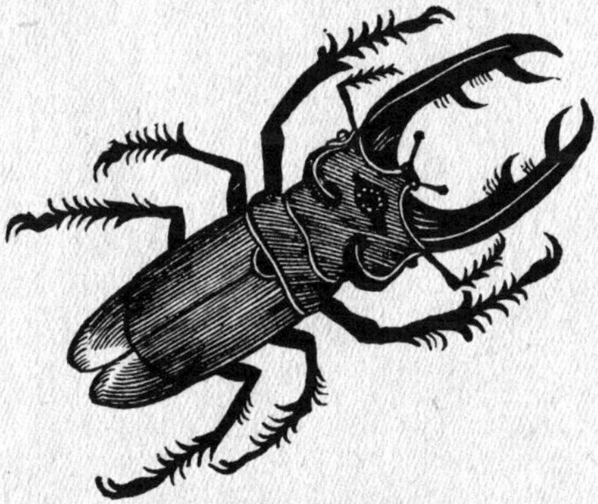

Les plantes « de sorcière » sont-elles difficiles à cultiver ?

「魔女」のハーブは栽培が難しい？

L

本書では、筆者の実地での経験をもとに選んだ植物を紹介します。筆者は自然と植物が大好きなのですが、観察眼といくつかのポイントを押さえておけば、素晴らしい成果が上がることを学びました。

筆者の家にはセイヨウノコギリソウ（*Achillea millefolium*）、ビロードモウズイカ（*Verbascum thapsus*）、セイヨウムラサキ（*Lithospermum officinale*）、タンジー（*Tanacetum vulgare*）など、ほかではなかなかお目にかかれない植物が植わっています。基本的に庭の土壌は栽培向きではないのですが、わずかな適応期間を経て、どの植物もしっかりと定着し、成長しました。そのほかの植物も同様です。自宅はフランス北部ピカルディー地方南、もともと野菜を集中栽培していた湿地にあり、土壌は比重が大きいうえに粘土質で冷たく、初秋から晩春にかけて霜が降りることもあります。つまり筆者の庭よりも温暖な気候で、それほど土地がやせていない場所でなら、本書で紹介する植物の栽培はさほど難しくないはずです。

各植物の栽培アドバイスは筆者の実際の経験から来ており、従来のアドバイスとは異なるかもしれません。ポイントは採取後なるべくすみやかに定植すること、しっかりと土を盛ること、水やりをして定着を促すこと、そして自然の成り行きにまかせることです。詰まるところ、植え替えの対象は野生植物であり、そうした植物は自然環境の中で、自力で「切り抜ける」ことに慣れているのです。

とはいえ、忍耐は忘れずに。定着しなさそうな植物でも、すぐに抜いて捨てたりしないことです。きっと翌年には美しい姿を見せてくれるでしょう。

セイヨウムラサキ

(*Lithospermum officinale*)

セイヨウノコギリソウ

(*Achillea millefolium*)

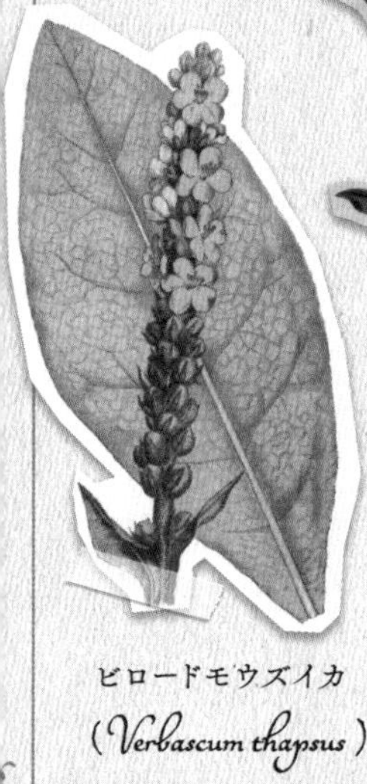

ビロードモウズイカ

(*Verbascum thapsus*)

タンジー

(*Tanacetum vulgare*)

Préserver la biodiversité

生物多様性の保護

C本書で見ていくように、「魔女」のハーブは大規模栽培ではたいてい邪魔者扱いされるため（たとえばオウシュウヨモギやドクムギ）、その数は減る一方です。収穫高は重要ですが、そればかりが優先されるようになると、植物相はあっという間に豊かさを失い、「有用な」数種しか残らなくなるでしょう。けれども、生物多様性とは硬直化を意味するのではありません。現在の自然状態を永遠にとどめておくことなど不可能なのです。生命（ギリシャ語で「ビオス」）とは不可避的に動的《ダイナミック》であり、そこには独特のバランスがあります。「役に立たない」植物も昆虫のエサ、鳥の避難所、野生動物の寝床になります。こうした生物学的サイクルを理解することが、魔女のハーブの利益を守ることにつながります。筆者は植物の外見――魅力的で、見る人の心をつかむ、一言でいえば美しい姿――も注目に値すると考えています。生物多様性、美しい姿に次いで、魔女のハーブを植える三つ目の理由は（ほかにも理由はありますが）、それが素晴らしい文化遺産でもあるからです。

クレマチス・ヴィタルバ、ハシバミ属、ディオスコレア・コムニスは民話や歴史的建造物と同じく、私たちの歴史とルーツの一部なのです。

さあ、あなたも自然の中で採取したり専門店で買ったりした植物や種子を植えて、魔女のハーブを育ててみませんか。そして神秘と秘密と想像の入り混じる世界を守りましょう。

LES PLANTES DE SORCIÈRES

魔女のハーブ

L'ail-des-ours et l'herbe-à-l'ail

ラムソン* & ニンニクガラシ

ニンニクは現在知られている最古の有用植物の一つで、神と崇める文明もあるほど、様々な効用があります。それが高じて、ニンニクのような香り、味がするハーブや多くのネギ亜科の植物にも魔法の薬用効果があるとされました。臆病者は赤いエシャロットをしぼった汁を入れたお風呂に入れば勇気が湧いてくるとか、闘技場に向かう剣闘士はニンニクで体をこすれば闘志を新たにできると言われました。また、タマネギの皮を使えば、1年先の天気まで予想できるとか。もう少し平凡な効用としては、ポワロネギの種子を変質したビネガーに入れると、ビネガーの味が元に戻るそうです。

ラムソン
（*Allium ursinum*）
ヒガンバナ科

ニンニクガラシ
（*Alliaria petiolata*）
アブラナ科

＊監修者注:ラムソンは日本の
ギョウジャニンニクに近い植物です。

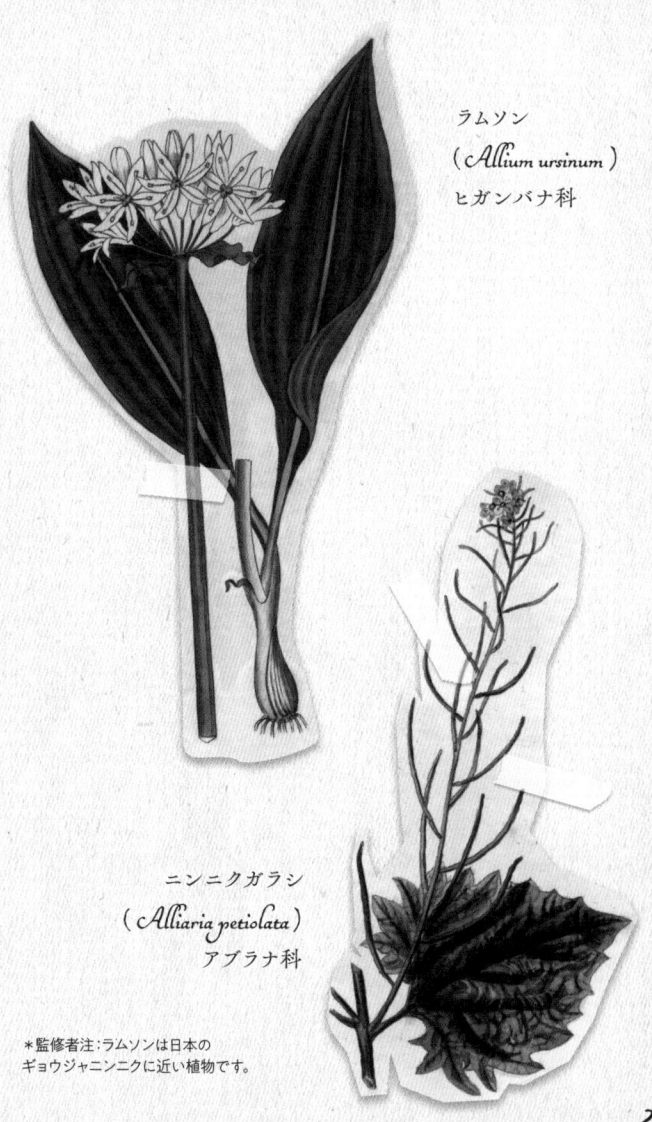

COMMENT RECONNAÎTRE L'AIL-DES-OURS

ラムソンの見分け方

葉は根元付近ではやや幅広で、徐々に細まって先の方が尖っており、縁はなめらかです。葉脈が平行に通っていて濃い緑色。光沢があり、しなやかです。早くも3月には群生し、非常に広範に分布します。
4月から6月にかけて、花茎が15cmほどの高さに伸び、球体の花序に純白の小花がたくさん咲きます。

Ses lieux préférés

生育地

ラムソンは土手、広葉樹と針葉樹の茂る混交林あるいは広葉樹のみの森の境界、下草、小さな谷の窪み、山の斜面、自然水源の近くなど、空気中の湿度が高い環境と肥沃な土壌を好みます。日陰は必須で、陰になる場所なら太陽の熱で水分が蒸発することもありません。

DANS VOTRE JARDIN

庭栽培

ラムソンはヒガンバナ科(ネギ亜科)の多年生植物です。

Le prélèvement

採取

春または秋に、小さなシャベルを使って球根を傷つけないよう気をつけながら掘り出します。ラムソンは単球で、柔らかな土(腐植質)に生えるので、採取も簡単です。

La plantation

定植

採取したらすぐに、陰になる湿度の高い土に植えます。沼地や水源近くの、十分に日陰になる場所が理想的です。

筆者の庭は湿地帯にあり、クロスグリに覆われています。そこに植えた球根はしっかりと定着したのですが、残念ながら軟体動物もこうした土壌を好むので、せっかく葉が出てきても次々とナメクジに食べられてしまいます。

L'ail absorbe le mal

病気を吸収するニンニク

ニンニクは病気を吸収するという言い伝えもあり、患部をニンニクでこすると有害な気を「取り込む」と言われています。こすった後のニンニクはなるべく遠くに捨てて、あとは治療に専念するとよいのだとか。

COMMENT RECONNAÎTRE L'HERBE-À-L'AIL

ニンニクガラシの見分け方

ニンニクガラシは30〜50cmほどの高さで、茎は枝分かれせずにまっすぐ伸びます。葉は切れ込みが入った三角形で、柔らかな緑色です。
4月になると唐突に生えてきて広範に分布しますが、生えてきたときと同じように唐突に5月初旬に姿を消します。その間、花茎にごく小さな花が咲きますが、あっという間に角果《かくか》と呼ばれる果実になります。
不思議なことに同じ生育地に生える個体はすべて同じ色で、まるでおもちゃの兵隊が整列したかのような風景です。

Ses lieux préférés

生育地

土手、森の境界、田舎の小道の路辺、湿度が高く半日陰で比較的肥沃な土壌で育ちます。

DANS VOTRE JARDIN

庭栽培

ニンニクガラシは、アブラナ科の二年生あるいは多年生植物で、地下器官は短く、ひげもほとんど生えません。

Le prélèvement et la plantation

採取と再植

移植鏝《ごて》を使って掘り出し、半日陰の湿度の高い場所に植えます。樹下が陰になるような果樹があればいいでしょう。庭に小川が流れているか排水溝があれば、そこで少し陰になる場所を選んで植えます。定着には少々手間取ります。ニンニクガラシは多年生植物にもなれば自然に種をまき散らすこともありますが、翌年に再植が必要な場合もあります。

Chasse les vampires

吸血鬼狩り

現代でもネギ亜科の魔力は強く信じられていて、吸血鬼の物語や
映画には必ずと言っていいほどニンニクでできたロザリオが登場します。
1970年代にはル・モンド紙がパリの新興宗教について調査し、
タマネギを崇めるアドラトゥール・ド・ロニョンという一派を紹介しました。
ラムソンはネギ亜科の植物ですが、
アブラナ科のニンニクガラシもニンニクのような味がします。

Le bois-de-mai

セイヨウサンザシ*

5月頃に突然開花する潅木すなわち低木で、香りのよい白い小花がベールのように覆います。昔から聖母マリアとゆかりが深く、幼子イエスの産着と呼ばれたり、時代が下ると、棘のある小枝が十字架にかけられたイエスの冠になったと考えられたりしました。家畜小屋や鳥小屋に置いておけば、魔女や蛇、悪魔の手先、こっそりとミルクを飲みにやってくる者たちを追い払い、ヴァルプルギスの夜の翌日に当たる5月1日に摘めば、雷からも守ってくれます(ヤネバンダイソウ[p.46]も同様)。花の咲いた小枝を屋根裏に置くのはそのためです。

旅の途中で嵐に襲われても、小枝を手に「オーベピーヌ、モン・ビアン。ジュ・タクイユ・エ・ジュ・トゥ・プラン。シ・ジュ・ムール・アン・シュマン、セール・モワ・ド・サクルモン(Aubepine, mon bien, Je te cueille et je te prends. Si je meurs en chemin, Sers-moi de sacrement.):私の大事なサンザシ、あなたを摘んで手に取りましょう。旅の途中でこの命が尽きたら、神の秘跡を授けてください」と呪文を唱えれば、魂は救われます(フランスの作家R. ドヴィーニュの著作からの引用)。

また夫婦にとってもありがたい植物で、子どもを授け(一枝にたくさんの花がつくことに由来すると思われます)、幸せな夫婦生活を約束してくれます。また結婚前の乙女の純潔も守り、5月1日に「サンザシにかけて愛しています」との言葉を添えて、花をつけたサンザシの小枝を1本差し出す人が将来の夫と言われます。

＊監修者注:中国原産のサンザシ(*Crataegus cuneata*)とは別種です。

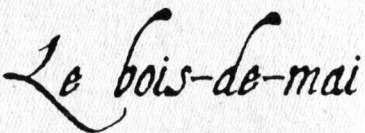

COMMENT RECONNAÎTRE LE BOIS-DE-MAI

サンザシの見分け方

セイヨウサンザシは高さ2〜8mほどのバラ科の低木で、たいてい棘があり、葉は小ぶりで濃い緑。種によっては切れ込みが入っています。葉が展開した後には花が咲きますが、葉より先に花が咲くスピノサモモ(*Prunus spinosa*)ととても似ていて、間違えられることも珍しくありません。セイヨウサンザシは4月中旬から5月終わりにかけて開花し、9月以降に実を結びます。実は小さくて赤く、種子は大きくて一つだけのもの(ヒトシベサンザシ *C. monogyna*)もあれば、小さくて複数のもの(*C. laevigata*)もあります。粉っぽくてはっきりしない味ですが、食べることもできます。

素人の目にはこの2種の植物学的差異を見分けるのは難しく、偉大なる植物学者リンネでさえセイヨウサンザシ(*C. oxyacantha*)という一つの種に分類したほどです。混同を避けるため、現在はこの学名は使われません。

Ses lieux préférés

生育地

種により、日光の差す林、特にナラが生えている広葉樹の森を好むものもあれば、混交林、茂み、建物の残骸、荒れ地、道、石ころだらけの場所、乾燥した地層、日向、半日陰を好むものもあります。

CONFITURE DE BAIES DE BOIS-DE-MAI ET DE FRAMBOISES

サンザシとラズベリーのジャム

材料

・サンザシの実 2kg
・ラズベリー 500g
・砂糖

作り方

1 フォークでサンザシの殻を除き、実を取り出して洗う。
2 鍋に入れてひたひたまで水を加え、フォークでつぶせるようになるまで加熱する。
3 濾し器にガーゼを敷いて濾す。
4 ラズベリーを加え、重さをはかる。
5 フルーツ4に対し、砂糖3を入れる（フルーツが1kgなら、砂糖は750g）。
6 アクを取りながら強火で15分煮る。
7 6を数滴皿にたらして、ジャムが冷えて固まるくらいになったら、加熱完了。火を止めて瓶に入れ、すぐにフタを閉める。

・ラズベリーは10月や11月になっても収穫できることがあります。冷凍ラズベリーはジャムづくりには向いていないので、生のものを使うようにしましょう。

・花柱のあるサンザシ（果核が1つだけのもの。それ以外のものは果核ばかりで果肉が少ない）や、実が大きめのものを選びましょう。ゲル化糖（糖と煮た果実がゼリー化するのを助ける食品）を使う場合は、パッケージに記載されている使い方に従ってください。

レシピ考案：C.ボワヴェール、アレンジ：エリカ・ライス

Danses nocturnes

夜の舞踏

魔女もサンザシと所縁《ゆかり》があり、猫、ウサギ、その他の夜行性動物に変身して、一晩サンザシの下で踊り明かします。魔女のお気に入りは、夢幻的な曲がりくねった形の、見るからに手ごわそうなサンザシ。けれどもサンザシが災いの元凶になったとの話は一つも伝わっていません。

DANS VOTRE JARDIN

庭栽培

セイヨウサンザシは生垣づくりに理想的です。群生するので、望ましくない訪問者を通さず、様々な鳥の憩いの場にもなるので、庭の雰囲気を盛り上げてくれるでしょう。
手入れは簡単で、昔はボカージュと呼ばれる境界森で区切られた囲い地に欠かせない要素でした。一般的な人工的な塀に比べ、生き生きとしたセイヨウサンザシの生垣は美しく、環境にもやさしいのでぜひ活用してみましょう。

Le semis

種まき

9月下旬以降、野生のセイヨウサンザシの赤い実を採取し、直接その場にまきます。水やりは軽めに。セイヨウサンザシはどちらかというと乾燥した土壌を好みますが、この季節の陽光では地中の余分な水分は蒸発しきれないことをお忘れなく。ゆっくりと発芽するので、生垣づくりには忍耐が必要です。

Le bouturage

挿し木

種をまくよりも時間はかかりませんが、たくさんの挿し木を採取しなければなりません。それは自然環境では無理な話なので、セイヨウサンザシが生えている土地の所有者を見つけて、必要なだけの小枝を譲ってもらいましょう。挿し木を長さ15cmほどに切り、2列に植えます。この時各列の間の距離を25cm、それぞれの苗の間を45cmあけます。

La plantation

定植

家の前や中庭に一株だけ植えるという選択肢もあります。
ゆっくりと成長し、背も高くないので、周りに陰を作ることもなく、春に突然咲く花が目を楽しませてくれるでしょう。

Fenouil sauvage

ウイキョウ

ウイキョウには強力な超自然の力が備わっていて、ありとあらゆる悪魔の妖術から守ってくれ、魔女の呪いに対抗するお守りの働きもします。ウイキョウの力を借りるには、ドアの鍵穴をふさいで、ベアルン地方の方言でおまじないを唱えます。

> **「シ・パッサ・プ・ウラ、ノエイト、ナット・ソルシ・ブ・エット・プラー・サンティ、フヌール、エ・デントラ・カウラ・プ（Si passa peu hourat, a noeyt, nat sourcier boü Hčt plaa senti, fenoulh, et d'entra qu'aura poü ）」：妖術使いが夜にこの鍵穴を通ろうとしたら、ウイキョウよ、力を発揮しておくれ。そうすれば妖術使いもあきらめるだろう（R. ドヴィーニュの著作からの引用）」**

玄関のドアや天井に吊り下げたり枕元に置いたりしても、同じ効果を発揮します。聖ヨハネの聖日のミサでも祝福され、地方によっては復活祭で食べる贖罪のオムレツにも入れます。

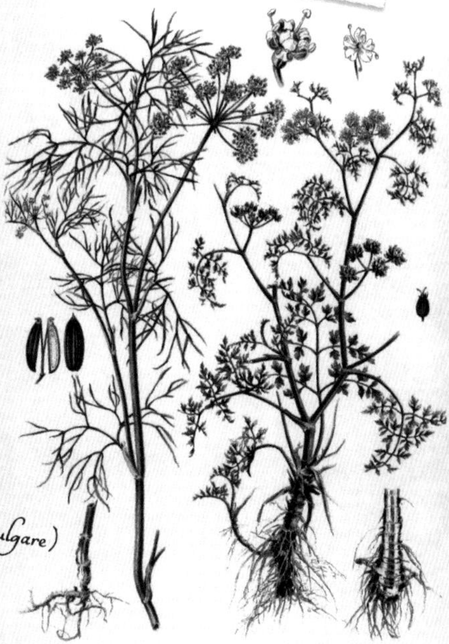

ウイキョウ
(*Foeniculum vulgare*)
セリ科

COMMENT RECONNAÎTRE LE FENOUIL SAUVAGE

ウイキョウの見分け方

ウイキョウは大ぶりなセリ科の植物で、条件のよい場所なら1.6mの高さに達することもあります。細いひものような葉は、下部が硬い茎に覆われていて、茎も葉も青みがかった緑色です。7月から9月にかけ、硫黄色の小花が幅広の傘のような形に咲きます。
ウイキョウ全体からは強い香りが漂います。

Ses lieux préférés

生育地

ウイキョウは建物の残骸、空き地、荒れ地、乾燥した丘陵など、水はけがよく日当たりのよい場所を好みます。やせた土地では、平均50～60cmほどの高さに成長します。

DANS VOTRE JARDIN

庭栽培

ウイキョウは二年生あるいは多年生植物です。晩秋になると、葉は何とも美しいブロンズ色に染まります。比重が重く湿った石灰質の土壌なら、栽培もうまくいくでしょう。自分で種をまき散らすので、翌年以降もあちこちに新たに生えてきます。

La récolte des graines

種*の採取

10月以降、茶色く熟した種を採取しましょう。キッチンペーパーの上に置いて、毎日ひっくり返しながら乾燥させます。これをクラフトペーパーの小袋に入れて、涼しい場所（ガレージ、地下室、食料品貯蔵場所など）で保管します。

Le semis

種まき

5月15日を過ぎて地面が温まり、霜の降りる心配がなくなったら種まきの時期です。水をまき、あらかじめ描いておいた円内にばらまいて（線状にまくと単調なので）、発芽したら間引きします。ウイキョウは1株だけでもずいぶんと場所を取ります。専門店によっては、苗や種を販売しているところもあります。

＊この場合の「種」は、植物学的には果実のことです。

TERRINE DE FENOUIL

ウイキョウのテリーヌ

材料

・（栽培された）ウイキョウの球根　6個

・コリアンダー（またはウイキョウの葉）

・イノンド（ディル）　・ガランガル（なければショウガ）　小さじ1

・寒天　小さじ3　・全卵　3個

・生クリームあるいは無脂肪のフロマージュブラン　大さじ3

・塩、コショウ

作り方

1　ウイキョウの球根の外皮をむき、2つに切って、塩水で20分間ゆでる。水を切って、ミキサーにかける。

2　ここに塩、コショウ、細かく切ったコリアンダーとイノンド、ガランガル、寒天を加える。その後卵と生クリームあるいはフロマージュブランを加える。

3　ケーキ型または耐熱皿に流し込み、220度に予熱しておいたオーブンで30〜45分焼く。

4　型から外し、熱いままあるいは冷やしていただく。フロマージュブランのソースかトマトピュレのソースをかけても。

レシピ考案：J. フルニエ＝ロセ、アレンジ：エリカ・ライス

オウシュウヨモギ（*Artemisia vulgaris* Linné）
キク科

L'herbe-aux-cent-goûts

オウシュウヨモギ

オウシュウヨモギの効果のほどは早くから知られていて、すでに1490年に書かれた植物概論の本にも、「ヨモギの効用:この薬草は力と効果をもたらす、優れた薬草と言えよう」と書かれています(R.ドヴィーニュの著作からの引用)。

ヨモギは聖ヨハネの前夜祭に欠かせない植物で、セイヨウオトギリ、クマツヅラ、セイヨウイラクサ、エゾノチチコグサ、セイヨウナツユキソウなど10以上の植物と組み合わせて花束にします。夜明け直前は、月が隠れ、太陽もまだ出ていない魔法の瞬間。夏至の夜明け前にヨモギを摘みましょう。ヨモギにはたくさんの特別な力があり、1年中効果を発揮します。

冠や花飾りにも使われ、現在でも夏の終わりにヨモギを摘む習慣が残っています。その昔、村の教会では聖ヨハネのミサでヨモギが聖別されていました。

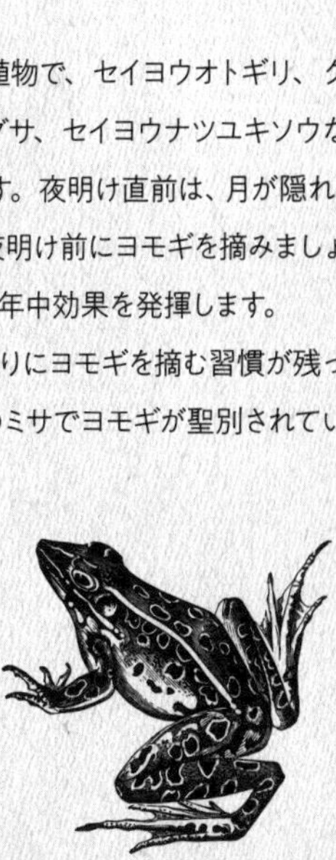

Le réconfort des voyageurs
旅人の味方

13世紀の旅行者たちは、このころすでにヨモギの力に頼っていました。歩いても疲れないようヨモギを1本持って、歩きながらベルトを編んでいました（そのため、「聖ヨハネのベルト」とも呼ばれます）。1日の終わりにはヨモギを煎じて足湯にし、元気を取り戻して旅を続けていました。

Le remède des « estomacs froids »
「冷たい胃」の特効薬

ヨモギの評判は昔から高く、12世紀のビンゲンのヒルデガルトもこれをゆでて食べるようすすめています。曰く、「弱った腸を癒し、冷たくなった胃を温める。（中略）ヨモギを肉と一緒に、あるいは（ほうれん草のように）油脂で焼くか、そのほかの方法で調理して食べると、それまでに飲み食いしたものが原因でたまった腐敗物を取り除き、消し去る」のだそうです。

COMMENT RECONNAÎTRE L'HERBE-AUX-CENT-GOÛTS

ヨモギの見分け方

特に葉が特徴的で、細かい切れ込みが入っており、風がそよぐと、深緑の表と銀色がかった白い裏の両方が見えます。
しっかりとした主茎は高さ50cm〜1.5m。分岐していて、6月から10月にかけて、銀色に近い薄黄色の小花が房状にぎっしりと咲きます。シワの寄った葉からは強い香りが漂います。

Ses lieux préférés

生育地

道、田舎の小道、埋め立て地、建物の残骸、広葉樹の森の境界、小川の岸、人の往来があるところ、窒素が豊富な土壌を好みます。

DANS VOTRE JARDIN

庭栽培

オウシュウヨモギはたくさんの種をまき散らし、あっという間に繁殖します。農業では雑草と考えられているので、隣の区画に近いところにはあまり植えないようにしましょう。
銀色がかった葉がやぶのように生い茂るので、玄関の両側に植えればとても映えます（家を守る魔法の力もあります）。ただし、植えるときにはのちのち成長することを計算に入れて、壁との間に30cmほどの距離を取りましょう。

La plantation

定植

若いオウシュウヨモギを掘り出して、自宅の庭に植えます。
土壌は選り好みしませんが、日当たりのよいところを好みます。定着するまで湿度を保つ必要がありますが、その後は自然のままの湿度で成長します。

CRÊPES FARCIES AU POULET ET À L'HERBE-AUX-CENT-GOÛTS

チキンとヨモギのクレープ

材料

・ささみ 2切れ　・ヒソップ 1枝　・タマネギ 1個

・バター 少々　・マッシュルーム 300g　・ベシャメルソース*

・生のヨモギのみじん切り 大さじ1　・キャラウェイ　・レモン汁 1個分

・生クリーム 100g　・カンタルチーズ 100g　・クレープ生地　・塩、コショウ

作り方

1 500mlの湯でささみをヒソップと一緒にゆでる。タマネギを薄切りにし、バター少々で炒め、薄切りにしたマッシュルームを加えて、塩とコショウで味付けをしておく。

2 牛乳500mlでベシャメルソースを作る。

3 ささみを薄く切り、みじん切りにしたヨモギ、キャラウェイひとつまみ、レモン汁、生クリーム、細かく切ったカンタルチーズ3/4を加える。

4 ベシャメルソース少々を別に取り、**3**と混ぜる。

5 クレープで**4**を巻き、耐熱皿に並べて、取っておいた残りのベシャメルソースをかけ、カンタルチーズの残りを散らし、200度で15分間焼く。

レシピ考案：J.フルニエ＝ロセ、アレンジ：エリカ・ライス

*ベシャメルソースの作り方

（バター30g、小麦粉30g、牛乳500ml、ナツメグ、塩、コショウ少々）

1 バターを小さく切って鍋に入れ、溶けてきたら小麦粉を入れ、よく混ぜる。

2 冷たい牛乳を少しずつ入れ、しっかりと混ぜながら中火で5分間加熱し、とろりとさせる。

3 塩、コショウ、ナツメグで味をつける。

L'herbe-à-la-femme-battue

ディオスコレア・コムニス

言い伝えによれば、夫婦喧嘩でできたあざに、すりつぶしたディオスコレア・コムニスの根を塗ると、あざが消えるそうです。古代の書物をひもといて、こうした言い伝えを確認してみるのも面白いでしょう。

中世、イタリアのサレルノにあった高名な医学校は、これとは全く違った使用法をすすめています。それによれば、「豚脂と共にこの根を丁寧にすりつぶし、火にかけてから濾す。アマの粉と油を加えて」膿瘍や腫瘍に塗布すると、効果があるのだそうです。

サレルノの医師プラテアリウスが残した文書には、「顔色が悪く、憔悴した」人は、ディオスコレア・コムニスの根をすりつぶし、汁をしぼって顔に塗ると、塗ったところが「赤くなる」と書かれています。

ディオスコレア・コムニス（*Tamus communis* Linné）
ヤマノイモ科

COMMENT RECONNAÎTRE L'HERBE-À-LA-FEMME-BATTUE

ディオスコレア・コムニスの見分け方

ほかの植物に巻き付きながら高さ数mにも達するつる性植物。葉は尖ったハート形で光沢があり、葉脈がくっきりと通っています。 5月から7月にかけて黄色や緑の小花が咲き、秋には赤い実が房状になります。

Ses lieux préférés

生育地

林のはずれの日当たりのいいところ、生垣、森の境界など。ありふれた植物で、支えになるものがあれば、たいていどこにでも生えます。

DANS VOTRE JARDIN

庭栽培

石灰質の土壌を好みますが、それ以外のところでも繁殖します。低木や花の散った生垣に巻き付いたり、低く刈り込んだ垣根の上に伸びたりします。秋には赤い実をつけて、生垣を鮮やかに彩ります。生育の速い多年生植物です。

Le prélèvement et la plantation

採取と定植

シャベルで根から掘り返します。根は大きめの黒い塊状で、カブのような形をしています。とても取り出せそうにないような茂みの中に生えることもあるので、掘り返すのが一苦労の場合もあります。
採取できなくても、専門店で苗や種を買えるので、ご心配なく。
日当たりのよいところか半日陰、涼しくやや乾燥した場所、比較的肥沃な土壌を選びましょう。

ATTENTION
AUX IRRITATIONS CUTANÉES
皮膚の炎症に注意

いろいろな病気に効くとされるディオスコレア・コムニスを売っている一風変わった人を市場で見かけることがあります。筆者の友人に慢性的な片頭痛に悩む女性がいますが、少し変わり者で、以下にお話しするエピソードも彼女の一風変わった性格と科学的興味を物語る出来事です。

友人はすすめられるままにこの植物の根を2つ買い、筒切りにして汁の出る部分をこめかみにあててこすってみました。これはとんでもない間違いで、急に息苦しくなり、数日間やけどをしたような強烈な感覚に悩まされ、片頭痛もこれまでにないほどしつこく続きました。

最近の研究によれば、根を砕いたときに出る液にも、実の液にも、シュウ酸カルシウムの微粒が含まれ、こすることで肌に浸透し、炎症を引き起こすことがわかりました。

一見善良な「物知りの老人」からの助言は、必ずしも効くわけでも、無害なわけでもないのです。ディオスコレア・コムニスは皮膚接触だけなら危険ではありませんが、摂取したりこすりつけたりするのは禁物です。

花からのメッセージ

ヤネバンダイソウの学名*Sempervivum*は、
「つねに生きている」の意。
霊験あらたかで丈夫、
そして永遠の命を象徴しています。

ヤネバンダイソウ
（*Sempervivum tectorum*
Linné）
ベンケイソウ科

La joubarbe des toits

ヤネバンダイソウ（センペルビウム）

ヤネバンダイソウは「ユピテルのひげ」とも呼ばれ、16世紀の文人ラブレーによれば、神話の神ユピテルの性器と「ひどく似通っている」そう。ユピテルは、人はよいのですが、女神や人間の女性の尻ばかり追いかけていました。

ビンゲンのヒルデガルトによると、ヤネバンダイソウには食べる価値はないものの、男性の不能に効くことはあるとか。曰く「生殖能力がない、あるいは加齢のせいで生殖能力を失ってしまっても、ヤギの乳にヤネバンダイソウを加え、卵を混ぜて加熱し、3日から5日の間食べる。（中略）すると種に繁殖力が戻り、子を授かることができるだろう」

また、新鮮なヤネバンダイソウを持ち歩いていると、出会いに恵まれます。ユピテルの吉日、つまり木曜日（ラテン語ではヨウィス・ディエス）の朝に摘むのがポイントです。

CONTRE
PIQÛRES ET BRÛLURES

虫刺されや炎症に効果的

ハチに刺されたとき（まずは針を抜きます）やイラクサによる炎症には、ヤネバンダイソウの葉を数枚揉んで、やさしくこすります。すると、すぐに痛みが和らぐでしょう。

COMMENT RECONNAÎTRE LA JOUBARBE DES TOITS

ヤネバンダイソウの見分け方

味わい深く多肉のヤネバンダイソウは、放射状に広がり、緑色で、地面ぎりぎりに生えるアーティチョークに似ています。
7月から8月にかけて花を咲かせますが、うろこ状の葉に包まれた花茎はどこかフキタンポポ（*Tussilago farfara*）を思わせます。
花はオールドローズのような色の小さな星形で、花茎の頂点でまとまって咲きます。

Ses lieux préférés

生育地

かつて「壁のアーティチョーク」とも呼ばれたヤネバンダイソウは、古壁の上や藁ぶき屋根、石灰質の岩場など、日当たりのよい場所を好みます。

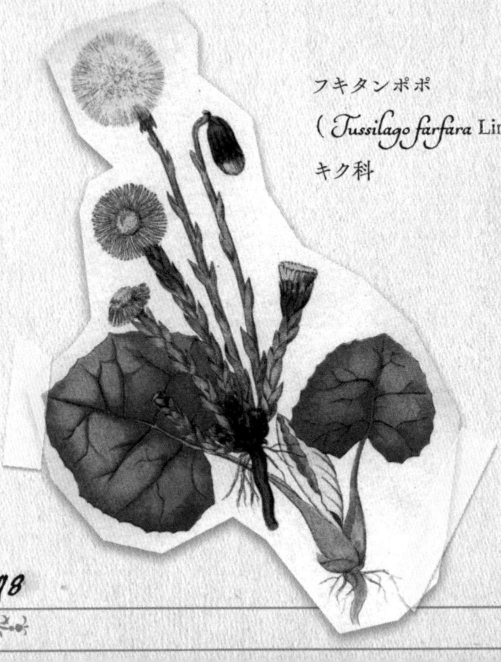

フキタンポポ
（*Tussilago farfara* Linné）
キク科

DANS VOTRE JARDIN

庭栽培

ヤネバンダイソウは多年生植物です。専門店では種子、土付きの苗木、小さな株の鉢植えなどが売られています。

Le prélèvement et la plantation

採取と定植

放射状になっている株をいくつか、手で丁寧に取り出します。根は表面的にしか張っていないので、簡単に抜けます。母株が大きくて周囲の娘株が小さい場合は、ひとまとまりに抜けることもあります。
日当たりのいいところで、花壇の端の方に植えましょう。苔に覆われた大ぶりな石を置けば一層映えますし、昔使われていた家畜の飼料槽の近くや、石の空積み〔石だけを使った石壁〕のすき間に植えても。植える場所にあらかじめ散水してから定植しましょう。

Le semis

種まき

春あるいは夏の終わりから9月中旬にかけて、気温が15～20度のときに種をまきます。種子はとても小さいですが、種まき後、なるべく土で覆わないようにします。
ただし腐植土は軽くかけておきましょう。種をまく前に水やりをして、種子があちこちに飛んでいかないようにします。

La mandragore

マンドレイク

歴史上、マンドレイクほど論争の的となった植物はないでしょう。ギリシャ、ローマ、ケルト、ゲルマン文明のみならず、すでに古代ヘブライでも知られていました。ソロモン王も「マンドレイクの香りは私たちをうっとりとさせます。私はあなたのために、この並木道の中でもっとも美味な果物を取っておきました」と述べています。

<< Elle a quelque ressemblance avec l'homme >>

「どこか人間に似た植物」

12世紀のビンゲンのヒルデガルトがマンドレイクに魔力があると断言したのも不思議ではありません。彼女は「マンドレイクはアダムを造った土から生まれた。マンドレイクはどこか人間に似ているが（人間に似た形の根は大変な人気がありました）、植物であることに変わりはない。人間と似ているがために、ほかのどの植物よりも悪魔の存在と手管が感じられる。だからこそマンドレイクを使えば、人間は善かれ悪しかれ欲望を実現できる。ちょうど偶像崇拝と同じように」と書き残しています。

マンドレイク

（*Mandragora officinarum* Linné）

ナス科

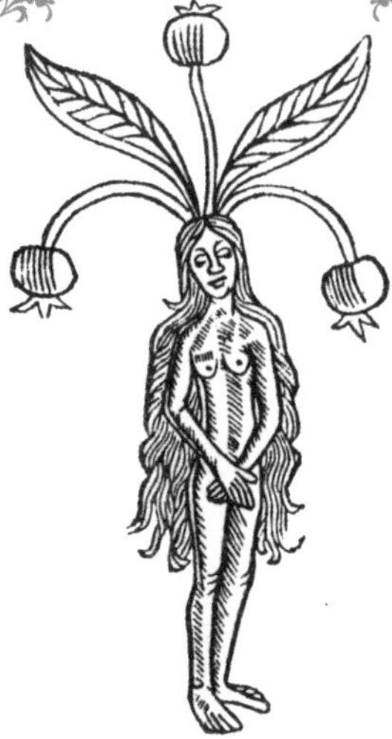

Combat le feu de la passion

情熱の炎の戦い

ビンゲンのヒルデガルトは、マンドレイクを使った恋愛呪術（と恋愛から来る情熱）に対抗するための特効薬についても言及しています。「魔術にかけられたのであれ、自発的な情熱のせいであれ、理性をすっかり失ってしまったら、女性の形をしたマンドレイクの一部を泉で浄め、（中略）3日3晩、胸とへその間（腹腔神経叢）につけておく。その後2つに分けて、3日3晩、腰の左右につけておく。それを左手で粉々にし、樟脳の粉少々を加え、これを食べるとよくなる」。というのも、「樟脳は完全に冷たい［古代の四体液説や四大元素説と関連し、人体や物質には「熱・冷・温・乾」の四つの性質があるとする考え方］」植物だからなのだそうです。

Froide au quatrième degré »

危険な「冷たさ」

古代の偉大な医師たちは別の使い方をしました。多くのナス科植物の例にもれず、マンドレイクにもアルカロイドが含まれていて、神経系に強く働きかけます。紀元前4世紀のヒポクラテスは、気力の減退や熱にマンドレイクの煎じ薬を処方しました。

この処方のポイントはマンドレイクの極端な「冷たさ」で、ワインと一緒に煎じることでその冷たさを和らげていたのです。また大量に摂取すると、譫妄《せんもう》、幻覚、さらには麻痺を誘発し、死に至ることもあるとも述べています。

17世紀の植物学者ニコラス・カルペパーは、マンドレイクへの注意を促し、「マンドレイクの根はきわめて冷たく、非常に危険だ。その冷たさのほどは常軌を逸している」と述べています。これは先述のビンゲンのヒルデガルトの言葉を裏付けてもいます。マンドレイクは（情熱の）炎を消すので、催淫効果ではなく性欲減退効果があるのですが、何世紀も経つうちに逆に催淫剤として使われるようになりました。

Et elle existe...
マンドレイクは実在する？

実際のところマンドレイクとは何なのでしょう。実在するのでしょうか。実在するなら、どうすれば採取できるのでしょう。

マンドレイクについては信じがたい話も流布しており、実在が疑われても仕方がありません。しかし18世紀の偉大なる植物学者リンネは、これに*Mandragora officinarum*と命名し、世界中で認められた植物分類システムにも入れました。つまりマンドレイクは実在するのです！

... au pied des gibetsa
絞首台の下

古い迷信によれば、最上のマンドレイクは絞首台の下に生えるそうです。首吊りの薬草と呼ばれているのもそのためで、絞首刑になった人の尿を吸って力を得、その精液が文字通り土の中でマンドレイクを生み出すのだとか。だからこそマンドレイクは希少な植物なのでしょうか。現代には絞首台はないので、何とも言えませんが……。

Une cueillette au cérémonial singulier

奇妙な収穫の儀式

儀式には妖術師、処女、犬が登場します。土曜日の真夜中、特定の場所で集会が開かれ、黒と鉛のアクセサリーをまとった妖術師がマンドレイクに向かって呪文を唱えて不思議な印を記し、犬をマンドレイクにつないでおきます。夜行性動物を一匹生贄にし、若い処女にその美しい髪を犠牲にするよう言い渡します。すると犬は一息にマンドレイクを引きちぎりますが、すぐに死んでしまいます。というのも、マンドレイクはあまりにおぞましい悲鳴を発するので、マンドレイクを引き抜いた者は命を落とすか、気が狂ってしまうのです。

この描写は何とも突飛で、おおいぬ座へのほのめかしがあるようにも思われます。おおいぬ座の時期には、マンドレイクを引き抜かねばならないとか、逆に(こちらの方が理に適っているのですが)引き抜いてはならないなど相反する説が交錯していました。

Surveillez-la

要注意

筆者が2月にまいた種子は、暖房の行き届いた家の中ですくすくと育ちました。難なく芽吹いたマンドレイクは、土から姿を現すとほぼ同時に独特な小ぶりの茂みになりました。マンドレイクには確かに人を惹きつける魅力があります。成長期にはしっかりと湿度を保って、必要に応じて葉に霧吹きしましょう。

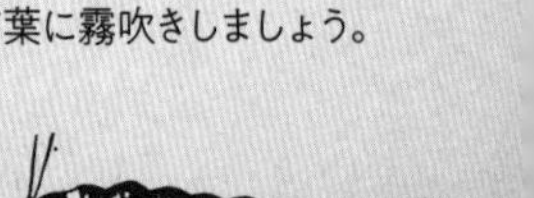

マンドレイクは急激にたくましく成長するので、あっという間に存在感を増します。だからこそ、古代の人はマンドレイクに養分を与えたり、水浴びさせたりしたのかもしれません。

マンドレイクの成長期に家を留守にする場合は、誰かにその世話を頼むか、マンドレイクも連れて出かけましょう。

La débarrasser de ses « humeurs mauvaises »

マンドレイクの「悪い気」を祓うには

ビンゲンのヒルデガルトはマンドレイクの「悪い気」の祓い方には触れておらず、「マンドレイクを土から引き抜いたら、すぐに泉につけ、1日と1晩置く。するとマンドレイクの中の悪いものやあらゆる邪悪な気がしっかりと排泄され、魔的な力も不可思議な効力もなくなる(つまり、治療効果だけが残る)。ただし引き抜いた後に水で洗わず土がついたままにしておくと危険な効力は残るので、魔術師は様々に利用でき、偶像崇拝が数々の忌むべきことを引き起こすのと同様に、幻覚が引き起こされる」とだけ書いています。確かに根を一定の間、流水につけておけば、危険なアルカロイドを流すことができます。実際、タロイモやクワズイモ属など一部の熱帯の塊茎植物でも、そのイモをすりおろして小袋に入れ、3日間流水につけておくと、粉として食べられるようになります。

COMMENT RECONNAÎTRE LA MANDRAGORE

マンドレイクの見分け方

マンドレイクは非常に特徴のある植物です。高さは約30cm、大きな葉は濃い緑色で匂いがし、葉脈がくっきりと見えます。土から直接葉が出て地面に向かってたわみ、密生します。花茎はありません。房状の花は緑色に近い白か紫で、青みがかっている場合もあります。実は球状か楕円形で、黄色に近い白。ひょろ長い茎から萼《がく》がぶら下がっています。茎もやはり下を向いています。象形薬能論〔クルミは脳の形に似ているから頭痛に効く、などのように、植物の形や色などが効用を示すという考え方〕では、マンドレイクは卵管と卵巣にたとえられ、これらの器官の炎症の特効薬を作るのに用いられました。ガーデニングの分野では、同じような実のつけ方をするナスに似ていると言われます。それも当然と言えば当然で、マンドレイクもナスも同じナス科の植物なのです。根はがっしりとしていて、絡まったり、大なり小なり不定根が出たりすることもあります。

Ses lieux préférés

生育地

マンドレイクは地中海地域の植物ですが、フランスには自生していません。
中世の庭や、特定のテーマに沿って作られた庭園などに植えられることもありますが、当然、採取は容易ではありません。
むしろ、場所を問わず（特に畑の近くに）種をまいて、自然に任せておいてはどうでしょう。
マンドレイクは私たちの唯一無二の文化遺産の一つであり、もっと認知されてもいいはずです。

DANS VOTRE JARDIN

庭栽培

専門店で種子を買うか、園芸家に頼んで種子をいくつか取っておいてもらいましょう。直径8cmの植木鉢と腐葉土も準備しましょう。

Le semis

種まき

2月から4月にかけ、小さい植木鉢の中央に種子を一粒まき、軽く押します。腐葉土で覆って、湿度を絶やさないようにし、ほどほどに暖房のきいた室内で育てます。4～6週間後、幅12cmの鉢に植え替え、湿度を保ちます。最後の霜が過ぎたら、5～6月に庭に植え替えましょう。

La morelle noire

イヌホオズキ

民間伝承研究家クロード・セニョルはこんな話を書き留めています。ブルターニュ地方では、牧草地はあちこちを生垣で区切られています。ある村に一人の奇妙な外国の医師がやってきました。けれども患者に診察に来るように自らを売り込むこともなく、夜になるといそいそと出かけてばかりいました。ある夜、石工のけがを治療した医師は、道すがらイヌホオズキが茂る大きな野で悪魔に出会いました。ほどなくして医師は繁盛し、羽振りがよくなりました。悪魔と医師は仲間になる契約を交わしたのでしょうか。けれども結局、医師は早々にブルターニュを去りました。というのも「悪魔と会って身も縮まるほどの恐怖を味わったので、夜にイヌホオズキの荒野を歩くたびに怖い記憶がよみがえるから」だそうです。

En bouquet

イヌホオズキの花束

生育段階の異なる花と実をつけたイヌホオズキを摘んで、
花束にするととても映えます。
花瓶に入れておけば、長い間楽しませてくれます。

イヌホオズキ
(*Solanum nigrum* Linné)
ナス科

ATTENTION TOXIQUE

中毒に注意

イヌホオズキの緑色の部分は摂取すると危険ですが、接触だけなら無害です。ただし実、特に赤紫色の段階の実はとてもおいしそうに見えるので、子どもがいる家庭では人通りの少ない場所に作った有毒植物用の花壇に植えておきましょう。イヌホオズキはそれでも毒性は弱い方ですが、これと似たベラドンナ(*Atropa belladona*)は猛毒ですので、混同しないよう要注意です。

COMMENT RECONNAÎTRE LA MORELLE NOIRE

イヌホオズキの見分け方

草本植物で、高さは50cmほど。たくさんの小枝が出ていて、葉は濃い緑で、粗い切れ込みが入っています。分枝は黒に近い深緑。

6月から10月にかけ、ジャガイモの花とよく似た、中央が黄色く星の形をした白い小花が房状に咲きます。

ナス科の植物にはどれも有毒なソラニンが含まれていて、たとえば緑色のジャガイモはソラニンを含んでいるため食べられません。同様にナス科のイヌホオズキも全体にソラニンが含まれているので食べられません。

同じ株でも一定間隔でまばらに開花し、小さな丸い赤い実が房状になる頃にも、まだようやく開花しかけの花もあります。実は最初は緑色で、段階を追って赤紫、そして独特の黒へと変わります。

手で軽く触れると、やや不快ながらもどこかうっとりするような香りがします。

Ses lieux préférés

生育地

建物の残骸、埋め立て地、土手、道端などでよく見かけますが、庭、野菜や花の畑にも定着します。筆者が執筆用に観察したイヌホオズキは、道路工事が始まるまでの間山積みにされていた小石の上に生えてきて、その横にも別に2つの株が成長しました。

DANS VOTRE JARDIN

庭栽培

イヌホオズキは一年生植物ですが、自分で種をまき散らすとは限りません。しかし翌年夏に、最初の株から離れたところに別の株が生えてくる場合もあります。

Le prélèvement

採取

手で数株引き抜きましょう。
根は白くて細く、短い束状で、ひげがたくさん生えていますが、簡単に引き抜けます。

La plantation

定植

肥沃な粘土質の土壌で、日当たりがよく、できれば古壁の前なら繁殖しやすく、やぶ状に茂ります。
栄養分の低い土壌にも適応はしますが、成長は抑えられて小ぶりなままでしょう。株間はそれぞれ約30cmあけて、定着するまで水やりを欠かさないようにしてください。

Le pavot somnifère

ケシ

「ケシは冷たく、かなり湿っている。その種子を食べると眠くなり、かゆみが抑えられ、シラミやシラミの卵が除去される。水分を含ませて摂取してもいいが、加熱するよりも生の方が食べやすく、効果的でもある。ケシからとれる油は栄養にもならなければ強壮効果があるわけでもなく、健康にも病気にもならない。この油は冷たいが、種子は暖かい」(ビンゲンのヒルデガルト)。ケシは古くからある薬用・食用植物ですが、12世紀の彼女の言葉は800年後の私たちからすると、どこか謎めいています。現代なら、無感覚を引き起こす効果のある麻酔性植物と言った方がわかりやすいかもしれません。いずれにせよ、同じ作用を指しています。

自然界ではケシはとても珍しいので、見つけても全部は採取しないこと。1つの蒴果《さくか》〔乾燥して裂開する果実〕だけで、大きな庭のあちこちにまけるだけの充分な種子がとれ、その後は自然に繁殖していきます。肥沃で石灰質の土壌、日当たりのよいところに種をまくか、株を植えます。できれば比較的開けた場所を選びましょう。ケシは繊細な色なので、草木ではなく空を背景にした方が引き立つのです。

COMMENT RECONNAÎTRE LE PAVOT SOMNIFÈRE

ケシの見分け方

茎は高さ40cm、時には1m以上にも達し、その先端にとても大きな花が咲きます。
上位子房〔がくや花弁のつく位置よりも上にある子房〕の周りからは、黒紫の斑《ふ》が入った4枚の花びらが伸びます（斑のない種類も一つあります）。子房は丸く、畝《うね》があり、成熟に従い姿を現す大きな蒴果の中に種子が詰まっています。開花前には、つぼみが優美にたわみます。
葉は大ぶりで、大きな切れ込みが入っており、うねっています。
毛が生えているヒナゲシとは違って、ケシは無毛です。

Ses lieux préférés

生育地

ケシの原産地はバルカン半島からインドまで広がっており、フランスでは風や動物が介入して栽培地から広がり、自生するようになりました。

ケシ（*Papaver somniferum* Linné）
ケシ科

Le prélèvement et la plantation

採取と定植

ケシとヒナゲシは一年生植物です。けれども数株採取して、自宅の乾燥したあるいは湿った土壌、日当たりのよい場所に再植することもできます。

根は白く繊維質で、種子ができると死滅します。

水やりを怠らず、土の湿度を保ちましょう。ケシは自分で種をまき散らして繁殖し、特別な手入れも必要ありません。

Le semis

種まき

夏の終わりに成熟した蒴果を採取し、種子をまいてもいいでしょう。その場合は、花茎を地面ぎりぎりで切り、切断した茎を残さないようにします。花を失った茎は見ていて寂しいものですから。

専門店でも種子や株が販売されています。

※日本では許可なくケシを栽培することは法律で禁止されています。

TISANE PECTORALE AUX PÉTALES DE COQUELICOT

ケシの花びらの咳止めハーブティー

エゾノチチコグサ（*Antennaria dioica*）、ウスベニタチアオイ（*Althaea officinalis*）、ウスベニアオイ（*Malva sylvestris*）、ヒナゲシ（*Papaver rhoeas*）、フキタンポポ（*Tussilago farfara*）、ビロードモウズイカ（*Verbascum thapsus*）、ニオイスミレ（*Viola odorata*）を、採取するか薬草専門店で購入し、

同量ずつ混ぜます。

コップに上記の薬草大さじ1を入れ、熱湯を加えます。

ふたをして、10分置いてから濾します。

ハチミツで甘みをつけて、1日に2、3杯飲みましょう。

La queue-de-renard

ヒモゲイトウ

鮮やかな洋紅色のヒモゲイトウは遠くからでも見分けがつきますが、摂取すると透明人間になると言われていました。昔の人々は姿をくらます方法を懸命に探っていたので、それだけでも貴重な効用でしたが、その儀式の方法は後世には伝わっていません。

けれども、この愛らしい植物には、治癒、加護、永遠の命など別の特性もあります。

血のように赤い色には、激しい血流を沈める働きがあります。情熱の惑星、金星《ヴィーナス》と火星《マルス》によって引き起こされる病気——すなわち性病——も、白い花を咲かせるヒモゲイトウ（ホナガイヌビユ（*A. viridis*）には太刀打ちできません。

深紅の花を咲かせる種もあり、これで作った花輪を病人の頭の上に置けば、すぐに治ると言われます。

ヒモゲイトウにはクローバーと同じように、幸運をもたらす力もあります。四葉のクローバー（p.82「クローバー」の章参照）はなかなか見つかりませんが、その代わりに数株のヒモゲイトウで幸運を呼ぶこともできます。

ヒモゲイトウ（*Amaranthus caudatus* Linné）
ヒユ科

COMMENT RECONNAÎTRE LA QUEUE-DE-RENARD

ヒモゲイトウの見分け方

7月から9月にかけて開花すると、その特徴は一目瞭然です。高さは50cm前後で、太陽のもと鮮やかな赤い花が穂状にたくさん咲き、フランス語の名称「キツネのしっぽ《ク・ド・ルナール》」の通り、優雅にたわみます。
ほかにも、ピンと立った穂に鮮やかな赤い花がたくさん咲く種もあり、鳥たちの大好きなイネ科の雑穀類を思わせます。葉は大ぶりで、先のとがった楕円形。くっきりとした赤で、これを支える茎も鮮やかな赤です。

Ses lieux préférés

生育地

ヒモゲイトウはアメリカ大陸原産なので、ヨーロッパには自生していません。けれどもヨーロッパでは、白っぽい花を咲かせる緑色のホナガイヌビユ（*A. viridis*）、花が緑色で建物の残骸に生えるアオゲイトウ（*A. retroflexus*）、古壁を好むイヌビユ（*A. blitum*）などの別種が確認されています。
いずれにせよ花のつき方はどれも同じで、色や花姿は違えど、共通してキツネのしっぽのように密生しています。

DANS VOTRE JARDIN

庭栽培

すべてのヒユ属は一年生植物なので、自然界で採取してもあまり意味はありません。専門店には種子が販売されていますので、そちらを入手しましょう。
ヒユ属は原産地（アメリカ大陸）の影響を受けて、短い日照時間、多湿、土のpH値が6-7の環境を好みますが、ヨーロッパにも順応し、多様な環境に適応しています。それでも軽めの、砂質で水はけのよい、栄養分の高い土壌を作りましょう。

Le semis

種まき

3月、霜が降りなくなったら、雨風の当たらない日当たりのよいところに地植えにします。発芽期と成長初期には湿度を絶やさないように。地植えにした後は、水やりの間隔をあけても大丈夫です。

La rose-de-Noël

クリスマスローズ

クリスマスローズは、1年のうちで日がもっとも短く、夜がもっとも長い「冬至」を追うように開花します。この美しい花には、素晴らしい効果がたくさんあり、古代の人々もその特異さを見抜いていました。クリスマスローズの根はとても強力で、闇の中心からその力をくみ取り、いつの時代も憂鬱や狂気、癲癇《てんかん》の大発作や痙攣を癒してきました。17世紀イギリスの植物学者ニコラス・カルペパーは、「生で摂取するのではなく、練達した錬金術師が調合した方がよい」と注意を促しています。カルペパーはクリスマスローズのほかにもヘレボルス属の複数種についても記述を残しましたが、中でもクリスマスローズ（ヘレボルス・ニゲル（*Helleborus niger*））はアルプスの森固有の非常に希少な種で、もっとも強い毒性を持っています。また、クリスマスローズは家畜の特効薬でもあり、特に家畜に咳や中毒症状が見られた場合は、家畜の耳に穴をあけてその根の断片を通していました。24時間後には、すっかりよくなっているというわけです。

Attention à sa toxicité

中毒に注意

ヘレボルス属の植物はどれも
摂取するととても危険です
（特に根）。
触った後は毎回必ず手を洗って、
花を活けておいた花瓶も
すぐに洗いましょう。

COMMENT RECONNAÎTRE LA ROSE-DE-NOËL

クリスマスローズの見分け方

クリスマスローズの特徴は星の形をした大きな白い花で、12月末に咲きます。低い位置で咲き、葉は暗い緑色です。
別の種、コダチクリスマスローズ（*H. foetidus*）は高さ30cm、さらにもっと大きくなることもあります。
鐘形の花が房状になって下向きに咲きます。緑色で、縁が洋紅色のものも少なくありません。全体から不思議な匂いが漂い、思わず眩惑されます。
アサギフユボタン（*H. viridis*）は高さ平均30cmで、一輪だけ咲き、花は緑に近い色あるいはバラ色ですが、匂いはしません。
複数の種の葉は掌形〔指のような形〕で、コダチクリスマスローズの葉は、冬の間中青々としています。

Ses lieux préférés

生育地

野生のクリスマスローズはごくわずかですが、アルプスの森の腐植質をたっぷりと含んだ場所に生えることがあります。
コダチクリスマスローズはほぼフランス各地に分布しており、乾燥した、あるいは地中海地域のナラ・ブナの林、森、森林の境界、生垣、芝生、道など、開けていて充分日が当たり、石ころが多い場所で見つかります。
アサギフユボタンは日陰を好み、フランス南西地方の広葉樹やブナ・モミの林に生息しています。

DANS VOTRE JARDIN

庭栽培

すべてのヘレボルスは、株全体あるいは一部が保護対象とされています。
移植するなら、コダチクリスマスローズだけにしておきましょう。その際も、地域レベルで保護されているか確認が必要です。コダチクリスマスローズは多年生植物で、根は束状になっています。

Le prélèvement

採取

まず株回りの小石を取り除きます。移植鏝《ごて》で茎を掘り返し、ゆっくりと引き抜きます。胚軸のところで折れないように気をつけましょう。

La plantation

定植

肥沃で充分乾燥している土壌、日向か半日陰の場所に植えます。過度に粘土質なら、砂や小石で軽くしましょう。根元にはしっかりと土を盛って、定着するまで水やりを続けます。
クリスマスローズの株を販売する専門店もありますが、白い花の栽培はなかなか難しく、緑色のアサギフユボタンの方が簡単です。

En langage des fleurs

花からのメッセージ

美しくも毒を含んだクリスマスローズには、嘘を暴く力があります。
「私の説明を聞かないうちから、人の言葉を信じてはだめ」。
そうクリスマスローズの花束は語りかけているのです。

ヘンルーダ（*Ruta graveolens* Linné）
ミカン科

La rue vineuse

ヘンルーダ

ヘンルーダは女性と特別な親近性があり、女性が慎みを欠いたり生理が近くなったりすると、枯れてしまいます。ヘンルーダが服に軽く触れただけで、流産してしまうという説もあります。これは迷信なのでしょうか。いずれにせよ、ヘンルーダは妊娠中絶薬として使われていたようです。ただし、その配合を知っているのは、「天使の母〔すなわち堕胎を商売とする女性〕」だけです。少量のヘンルーダは女性の最強の味方で、蒸気風呂に入った後にヘンルーダを飲むと、「子宮を柔らかく」してくれます。効果を引き出すために、タンジー、イブキトラノオ、セイヨウノコギリソウ（*Achillea millifolium*）、クローブ、コショウ、ハチミツが混ぜられていました。

ヘンルーダの使い方はこれだけにとどまらず、消化、憂鬱、麻痺、目のトラブル、さらには射精不全にも効くと言われます。

COMMENT RECONNAÎTRE LA RUE VINEUSE

ヘンルーダの見分け方

ヘンルーダの茎は頑丈で、まっすぐで、ほとんど分枝しておらず、50〜60cmの高さになります。ふさふさと茂る葉は小さくて楕円形。青緑で銀色がかっています。
黄緑の花は6月に開花して、2か月ほど咲き続け、植物全体から独特なワインのような香りがします(フランス語でヘンルーダが「リュー・ヴィヌーズ〔ワインのようなヘンルーダ属〕」と呼ばれるのもこのためです)。

Ses lieux préférés

生育地

地中海地方原産のヘンルーダは、1000年以上も前から同地域北部で栽培されてきました。御料地令〔カピトゥーレ・デ・ヴィリス。カール大帝時代に発布された行政命令で、各地での栽培対象となる花や草木の一覧表が収録されている〕でも言及されており、修道院の薬草園には必ず植えられていました。日当たりのよい場所、乾燥した土壌を好みますが、水はけがよければ湿った土壌にも適応します。

DES VERTUS MÉDICINALES... ET MAGIQUES

薬用（そして魔法の）効果

生のヘンルーダの作用は強力だと言われます。実際、現代科学会で一目置かれる12世紀の才女ビンゲンのヒルデガルトも、「ヘンルーダは粉にしたとき（つまり乾燥させたとき）よりも、生の方が効果が高い。男性の血液の興奮を抑える」と述べています。魔法の効果も生の方が高く、16世紀の魔女狩りや悪魔祓いでは、「有罪者」を特定したり悪魔を祓ったりするのに、ヘンルーダの小枝を振りかざしていました。ヘンルーダには「悪魔祓い」とも呼ばれたセイヨウオトギリと同じくらいの威力があったのです。

その年にとれた種子はその他の有効な物質と一緒に木炭の上で焼かれ、場の有害な波動を「浄めて」いました。

DANS VOTRE JARDIN

庭栽培

ヘンルーダは多年生植物ですが、南仏も含め自然界にはあまり自生していません。
栽培する場合には種をまくか、知り合いにヘンルーダを持っている人がいれば、もらって挿し穂にするかしかありません。種まきは比較的容易で、挿し穂は少々ハードルが高めです。

Le semis

種まき

4月から9月にかけて苗床に種をまきます。小石が多い乾燥した土壌でも湿った土壌でも育ちますが、必ず日当たりのよいところを選びましょう。春にまいておいた種子の苗を、9月に所定の位置に植え替えます。

Le bouturage

挿し穂

初秋に6cmほどの長さの小枝を取っておきます。根元の葉を除去してから砂と泥炭を混ぜたものの中に挿し、温床に置き、湿度を保ちます。
11月になったら独立した鉢に移し、冬の間は室内で保管します。株や種子は専門店で販売されています。

Sヘンルーダを育てるのに、前述の従来の種まきをするのが億劫なら、地面が温まるのを待ちましょう(早くて5月15日。筆者は6月まで待ちます)。地面に浅い溝(約1cm)を掘り、少々間隔をあけながら種子をまきます。

その後溝を閉じますが、砂質の土壌なら、熊手の背で土を押し付けます。比重が大きく湿度の高い土壌なら、種子の上から土を乗せるだけで充分です。水やりはほどほどに。

茎は硬く、傾ぐこともないので円形か、ごく小さな正方形にまくのがよいでしょう。1年目の春、早ければ10月中旬に急速に成長しますが、独特の匂いがするのはもっと後です。

かなり湿度が高く涼しい土壌でも育ち、翌年春にも出てきますが、水没した土地では生き延びられません。

Le serpentaire

アリストロキア・クレマティティス

アリストロキア・クレマティティスは人間を守ってくれる強力な植物で、古代の医師プラテアリウスの文書にも、「子どもが病気になったら、この植物を大量に摘んで乾燥させる。それからその子のベッドの上で焚くと、煙が治してくれる。というのも、この植物はあらゆる悪魔の所業を祓い、どんな苦しみや痛みをも消すからだ」と書かれています。

蛇が悪魔の使いであることは広く知られていますが、アリストロキア・クレマティティスは蛇をも追い払ってくれます。『大アルベルトゥス』と呼ばれる魔術書には、「ウマノスズクサ科の植物を選び、ヌマアカガエルと一緒にすりつぶす。望みを書いた紙に包み、中身を細かくしてしっかりと混ぜる。この紙を蛇に投げつければ、すぐに死ぬ」と書かれています。

聖職者が悪魔祓いをするときには、アリストロキア・クレマティティス、ヘンルーダ、アサフェティダ、セイヨウオトギリを焚いて、その濃い煙で悪魔を打ち負かしていました。

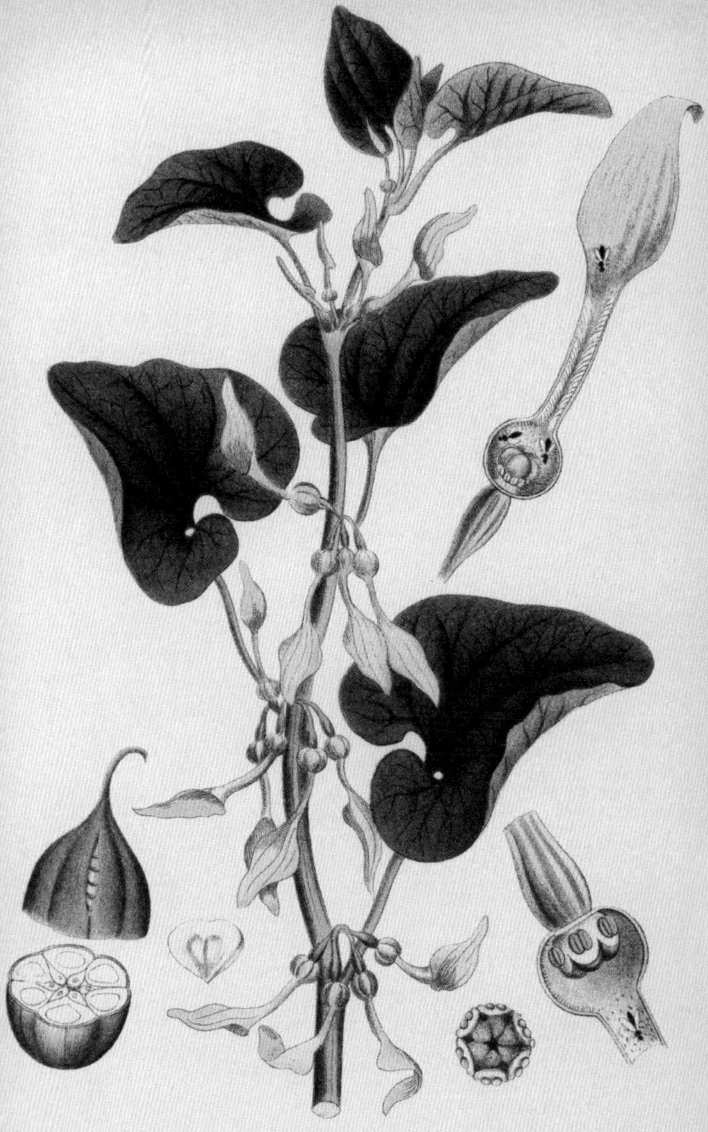

アリストロキア・クレマティティス（*Aristolochia clematitis* Linné）
ウマノスズクサ科

COMMENT RECONNAÎTRE LE SERPENTAIRE

アリストロキア・クレマティティスの見分け方

上を向いた茎は高さ50cm ほどで、分枝しておらず、ハート形の葉には深い窪みがあります。葉の色は黄緑や緑青で、長い葉柄です。葉腋〔葉の付け根〕のところで花がまとまって、たいてい上を向いて咲きます。色は黄緑で、管状です。開花は5月から9月まで。ひだの寄った葉から漂う匂いは、不快という人と心地よいという人がいて、意見が分かれます。

Ses lieux préférés

生育地

開けていない石ころだらけの場所、茂みや低木林の下、道端、森など。ブドウ畑や、畑付近に生えることもあります。
珍しい植物ですが、生育地では広々と群生しています。筆者はフランス北部オワーズ県の川岸、親戚の家の庭近くのやぶの下で、少なくとも70m四方にも広がる生育地を見つけました。

UN GAGE DE LONGUE VIE

長生きの秘訣

長寿の粉薬には、アリストロキア・クレマティティス、ムシヨケギク、シナモンが含まれています。庭に埋めた陶製の壺に保管して、毎日少しずつ飲みます。

DANS VOTRE JARDIN

庭栽培

Le prélèvement

採取

数株掘り起こしますが、希少な植物であることをお忘れなく。
移植鏝《ごて》を使いましょう。地表が硬い場所に生えているので、ただ引き抜くだけでは茎が折れてしまうかもしれません。

La plantation

定植

どちらかと言えば砂質の土壌に植えます。ある程度まとまった量を植えて、量感を出しましょう。石ころの多い土地でも定着します。
栽培は簡単で、湿度の高い土壌にはしっかりと定着します。ただし日当たりのよさは重要です。専門店では土付きの苗木や小さい鉢植えで売られています。

ナメクジは特にじっとりした土地にたくさんいて、
ウマノスズクサ科の植物が大好物。
若葉を食べつくして、茎をむき出しにしてしまいます。
けれども茎には並外れた再生力があるので、
絶対に引き抜かないこと。
カタツムリなどの腹足類は栽培の大敵ですが、
あきらめずに育てれば、
あっという間に茎から若葉が生えてくるでしょう。

クローバー（*Trifolium* sp.）マメ科

Le trifiol

クローバー

スズランと同じく、クローバーも幸運をもたらしてくれることで有名です。クローバーというと四葉のクローバーを想像しますが、魔法の世界にはれっきとした序列があって、「ただの」三葉のクローバーにも特別な力があることをご存じでしょうか。

三葉のクローバーは家畜の飼料にされることが多いですが、生命力のシンボルでもあります。雨が降る前には3枚の葉をたたむので、天気を知る手がかりにもなります。明敏な古代ケルトの祭司ドルイドがこの特性に気が付かぬはずはなく、これを利用して確実に天気を予想していました。一方、キリスト教徒からは三位一体の象徴と考えられ、アイルランドでは国のシンボルであり、キリスト教を布教した聖パトリックと深い結びつきのある植物とされています。

Des vertus magiques

魔法の効力

四葉のクローバーは完璧なバランスを表しているだけでなく、呪いを解いたり、悪運の呪いをかけた人に悪運を送り返したりする力もあります。五葉のクローバーは大物になるかどうかを占い、六葉のクローバーは金運、七葉のクローバーは生涯安泰を約束してくれます。

COMMENT RECONNAÎTRE LE SERPENTAIRE

クローバーの見分け方

三葉のクローバーは光沢がない濃い緑で、背が低く、誰もが知る植物です。とは言え、世界には300近い種類があり、知っているようでいて必ずしも同じ種類とは限りません。中央に白い輪の模様が入っていたり、黒い斑がついていたりするものもあり、花の色もクリーム色、ピンク、赤などがあります。花序は完璧な球体ですが、楕円形のものもあります。

クローバーは一年生植物あるいは多年生植物で、5月から9月にかけて開花します。

Ses lieux préférés

生育地

種類によって、道、野、牧草地、丘、森、山の野原、芝生、ナラやマツの森、荒れ地、森の伐採地などに分かれます。

Encore des « trifiols »

クローバー以外の三葉の植物

3枚の葉からなる「三葉」の植物はクローバーだけに限りません。例を挙げれば、ミツガシワ(*Menyanthes trifoliata*、ミツガシワ科)、トリゴネラ・モンスペリアカ(*Trigonella monspeliaca*、マメ科)、コミヤマカタバミ(*Oxalis acetosella*、カタバミ科)などがあります。ただし、「本物」の三葉のクローバーのような魔法の効力が備わっているわけでは、もちろんありません。

DANS VOTRE JARDIN

庭栽培

芝生や庭に続く道などが適しています。

La récolte des graines

種子の採取

花が散った後にまとまった数の花序を摘んだら、紙袋に入れて持ち帰り、キッチンペーパーの上で乾燥させます。なるべく重ならないようにし、毎日ひっくり返します。数日後、紙の上で花を揺らせば、種が出てくるでしょう。

Le semis

種まき

秋、刈り込んで空気を含ませた芝生に種をまきます。ローラーをかけたりよく踏み込んだりして、種が地中から出てこないようにします。軽く水やりをするか、大雨が来る前に水をまきます。

Conseil de culture

栽培のアドバイス

オーガニックガーデニングでは、ジャガイモ、エシャロット、ニンニクを収穫した後の区画に、赤いクローバー（あるいは別の自然堆肥）をまきます。8月末にまいたら冬前に刈り取って、数日間その場で乾燥させます。その後埋めて、土壌に栄養分を行き渡らせ、安定させます。

Le verbénaire

クマツヅラ(バーベナ)

クマツヅラは、古代ローマでもケルトでもゲルマンでも重宝されました。ローマでは「聖なる植物」を意味するウェルベナと呼ばれ、条約締結を担っていた伝令神官の額を飾り、神官は条約をクマツヅラの枝でたたいて封印し、神聖さを付していました。

ケルトの神官ドルイドはクマツヅラを「アル・グウェン(純粋)」と呼んで、占いに用いていました。「あらゆる病気に効く薬草」とされるクマツヅラは、病気を癒し、望みをかなえ、協調を促す力もあります。古代の文書にも「食事の席で人を喜ばせたり、場を盛り上げたりするには、クマツヅラの葉を4枚取ってワインにひたし、食事をとる予定の場所にワインをまく。同席者は全員満足するだろう」と書かれています。

クマツヅラ（*Verbena officinalis* Linné）
クマツヅラ科

COMMENT RECONNAÎTRE LE VERBÉNAIRE

クマツヅラの見分け方

ひょろ長い植物で、茎から小枝が出ていますが、葉は少なく、茎の先には細かいライラック色の花が咲きます。自然界では高さ30cmを超すことはほとんどなく、単独で生えることもあれば、群生する場合もあります。開花は6月から10月。葉は主に基部につき、三裂し、縁はギザギザです。

Ses lieux préférés

生育地

乾燥して踏み慣らされた道端や、人通りは多いけれども誰も目もくれない場所に生えています。
たまたまクマツヅラを目にした人は、こんな地味な植物がなぜこれほど多くの魔法を司ることになったのかと思わずにはいられないでしょう。

クマツヅラからは無数の種子が生まれ、
あっという間に花壇で我が物顔に振る舞います。
引き抜くには、新株が高さ5cmほどになるまで待ちましょう。
それよりも早く引き抜けば、
実生が折れて、それでなくてもとても長い根が
地中に定着してしまいます。

DANS VOTRE JARDIN

庭栽培

Le prélèvement

採取

土が硬い場合は、小さなシャベルを使って掘り返しましょう。土が柔らかい場合、あるいは大雨が降った後は、クマツヅラを引っ張るだけで充分です。根は細く、直根で、ひげもほとんどないので、簡単に抜けます。

La plantation

定植

土壌は選びませんが、水やりは忘れずに。
やせた土地なら小ぶりなままですが、肥沃な土地なら、定着すると同時に全く違った顔を見せます。小枝があちらこちらを向いて、美しくゆったりとした茂みに成長します。開花と同時に、蜜を集める虫たちが寄ってきます。花穂に沿って花が次々と開き、晩春から晩夏まで虫が忙しく行き来します。
専門店では、種も株も販売されています。

Sélectionner le bon emplacement

場所選び

クマツヅラは多年生植物です。土壌に合わせて、花壇の縁(やせた土)にまとめて植えるか、花壇中央(肥沃な土)に植えて、ゆったりとした花姿、花の繊細な色、そして成長サイクル末期に独特のワインカラーに変わる葉を楽しみましょう。
道端に植えれば、長い開花期間を通して、ふんわりとした青紫色の美しい線状に咲きます。

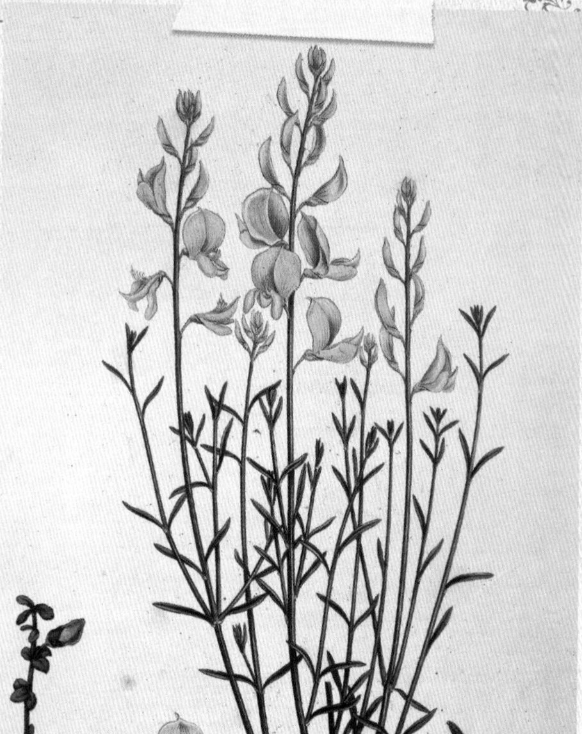

レダマ（*Spartium junceum* Linné）
マメ科

エニシダ（*Cytisus scoparius* Link）
マメ科

La verge-des-ménagères et le sparte

エニシダ＆レダマ

その昔、ブライドメイドは「花嫁の歌」と呼ばれる歌を歌って、花嫁に「あなたは人妻という身分になる」と語りかけました。この通過儀式は18世紀に入っても、フランス西部で行われていました。それだけブルターニュの広大な地にはインスピレーションや植物があふれていたのでしょう。

「あなたに差し出す
この花束を受け取ってください。
浅はかな名誉は花のように枯れる、
そうエニシダの花束は
告げているのです」

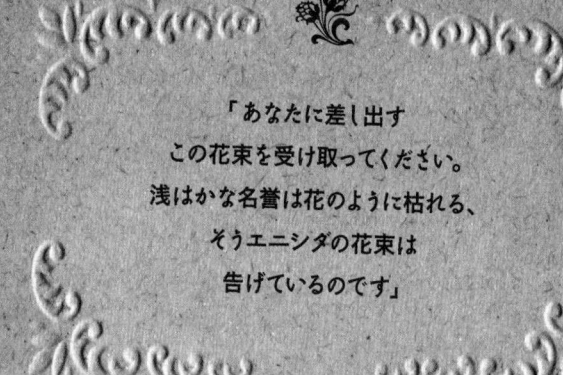

Un chasse-mouches

ハエ除け

17世紀の庭師たちは、エニシダやレダマで作ったほうきで野菜を一掃きする儀式を通して、庭の植物たちを害虫(アリ、アブラムシ、バッタ、コナジラミなど)から守っていました。この作業を行うには特定の日が定められていたのですが、時と共に忘れ去られてしまったようです。けれども理論的には、産卵期か捕食動物が姿を現す時期に当たるはずで、庭師は栽培している野菜によって、いつ儀式を行うべきか、どんな敵がいるかを知っていました。

フダンソウの大ぶりな葉にはハエが群がってきて、追い払うのも一苦労です。試しに羽ぼうきを一掃きしてみても損はないでしょう。

Symbole de la ménagère

家事のシンボル

エニシダはこまごまとした家事道具の象徴であるほうきを作るのに使われ、家の中や中庭をきれいに保ってきました。エニシダのほかにも、地域の環境に応じて、様々な植物がほうきづくりに使われてきました。

エリカ・スコパリア(*Erica scoparia*)やシバムギ(*Agropyrum repens*)は現在でもほうきの材料として使われています。ココメイ(*Juncus* sp.)、ヨシ(*Phragmites australis*)、セイヨウシロヤナギ(*Salix alba*)は湿度の高い場所に生えています。森林地帯に住む人たちはコメガヤ属(*Melica* sp.)の植物をほうきにしていました。セイヨウヒイラギ(*Ilex aquifolium*)やカバノキ属（*Betula* sp.）の植物も同様です。けれどもほうきの材料としては、エニシダにかなう植物はないでしょう。

De la fabrication du balai...
ほうきづくりから……

男性･女性にかかわらず、ほうきづくりに長けていて、商売にする人もいました。まず、まっすぐでなめらかな若木（たいていはカバノキやハシバミ）を選びます。その周りに、ほうき部分に当たる細長い茎、細枝、小枝を固定します。固定方法は様々ですが、結索糸も植物でできていました。

... au mythe des sorcières
魔女伝説へ……

これほどありふれた、誰もが使っていたものに魔力が宿ると考えられたのも、無理はありません。ほうきは農業がひと段落した頃、収穫期の後に作られていました。この時期は秋冬に入って靄《もや》が立ち込め、空が灰色に塗り込められ、空想や幻影が起こりやすい環境です。人々はまっすぐなほうきの柄を膝の間に挟んで、しなやかで丈夫な枝の束を集めていました。

女性がほうきに乗るという考えは、どの時点で意識上に現れたのでしょう。エニシダのフランス語名「小間使いの杖」の語源もここにあるのでしょうか。とすると、何がきっかけとなってこの単純で機敏な仕草が悪魔的と見なされるようになったのでしょう。そしてなぜ、ほうきに乗った女性たちイコール魔女ということになったのでしょう。

Amours coupables
愛のあやまち

既婚女性の中には、エニシダのほうきの束の上に座って、エニシダの生の花を口の中に入れて噛む人がいたそうです。言い伝えによれば、彼女たちはこうして道ならぬ恋の誘惑に抗っていたのだとか。

現代の科学に照らし合わせて考えると、彼女たちは堕胎しようとしていた可能性もあります。実際、難産の際にはスパルテイン（エニシダの抽出物）を用いて、陣痛と出産を促すことがあります。

Etranges voyages...
奇妙な旅

「魔女がカバノキのほうきに乗っていたなどとは到底信じられないが、ピンとまっすぐに伸びるエニシダの若木のほうきというのなら話は簡単だ。こうしたほうきに乗れば世界の果てまで行けることは自明の理なのだから」（フランスの作家プロスペル・メリメの一節。社会学者クロード・ベレによる引用）

「世界の果て」への旅を実現したのは、地獄の窯でぐつぐつと煮える向精神薬や麻薬、催眠剤だったのかもしれません。こうした薬を飲んで、幻覚を引き起こす軟膏を体やほうきに塗ると、性的抑制を取り除き、社会的差異を消し去り、古代のバッカスやディオニュソスの乱痴気騒ぎが再現されます。当時勃興したキリスト教はこうした現象に悪魔の存在を見たのです。ここでの悪魔は、地下に潜む冥界の神クトニオスの創造の力を表しており、その力はたやすくは手なずけられません。

Un exutoire aux mariages tardifs
晩婚のはけ口

話はさらに続きます。フランス革命以前、人々はある程度の年齢に達してから結婚していました。思春期（女の子では12歳、男の子では14歳）と結婚年齢（平均で女性は25～26歳、男性は27～28歳）の間にはかなりの時間的開きがあり、教会の教えに従って禁欲生活を送らねばなりませんでした。この点、歴史家ピエール・ショニュは興味深い指摘をしています。15～16世紀まで、教会は信者たちに思春期直後の結婚は認めていたものの、思春期前の結婚は禁じていました。結婚時期を遅らせればそれに比例して出生数が下がり、食い扶持も減ります。つまり、有効な避妊手段のなかった当時、これは非常に効果のある避妊法だったのです。

当時は農業をしようにも資源がきわめて貧弱で、貯蓄が難しい時代でもありました。けれども家庭を作って子どもを育てるには、最低限の物質的手段が必要です。そのため、多くの人が父の他界を待ってから、家を継いで家庭を作りました。

若者の抱える生命の根源的な衝動がはけ口を求めていたことは、容易に想像できます。エニシダやサバトの乱痴気騒ぎは、そうした衝動の埋め合わせの役目を果たしていたのかもしれません。

COMMENT RECONNAÎTRE LA VERGE-DES-MÉNAGÈRES

エニシダの見分け方

高さ2mほどにもなる灌木で、ひょろ長く緑色のギザギザとした小枝に、間隔をあけて小さな葉が茂ります。5月から6、7月にかけて、蝶の形をしたイエローゴールドの花が咲き、その後長いひげの生えた茶色いさやが出てきます。

Ses lieux préférés

生育地

エニシダは荒れ地、酸性土壌の森、森の外れ、林などでよく見かけますが、現在では、大型道路沿いの斜堤に植えられることも少なくありません。

DANS VOTRE JARDIN

庭栽培

エニシダは多年生植物です。成熟したさや（濃い茶色）を摘んで開き、種子をテリーヌ型などの容器にまき、外に置いておきます。霜が降りないように気をつけましょう。土は軽めの石灰質でないものを選び、軽く湿度を保ちます。
ある程度成長したら、左右前後に約1mの間隔をあけて、所定の位置に植え替えます。
自生しているエニシダは採取しないこと。というのも、エニシダは一度定着すると、あちこちに移動されることを嫌うのです。専門店では種子が販売されています。

COMMENT RECONNAÎTRE LE SPARTE

レダマの見分け方

約80cmと背の低い灌木で、主茎と垂直に生える分枝は緑色。むき出しで、細長いひものようなしなやかさと硬さを兼ね備えています。蝶の形をした花は美しいイエローゴールド。植物自体は一見はかなげですが、花は大ぶりです。花の数はあまり多くなく、6月から7月に開いて、3週間ほど咲き続けます。

Ses lieux préférés

生育地

スペインのエニシダとも呼ばれている通り、主に地中海地方原産ですが、霜の降りないその他の地方にも分布しています。レダマは、日当たりがよく乾燥した土地を好みます。

DANS VOTRE JARDIN

庭栽培

レダマの分布地は限られているので、専門店で苗を買うことをおすすめします。高さは平均50cm。
ある程度まとまった数を植えましょう。分枝はほぼ垂直に伸びるので、邪魔し合うことはありません。また、成長してもさほど高くはなりません。
多年生植物ですが、霜の降りる地域では保護が必要です。
とは言え、ピカルディー地方南部に住む筆者のレダマは、八か月間浸水した土地で一冬（ただし暖冬）を保護なしで生き延びました。強風に倒されてしまわないように、添え木をした方がよいこともあります。
むき出しの植物なので、周りにロサ・ガリカのような青々とした植物を植えましょう。

ET QUELQUES AUTRES PLANTES DE SORCIÈRE ...

魔女のハーブにはほかにも……

※本項で紹介する植物については、既刊『禁断の毒草事典 ～魔女の愛したポイズンハーブの世界～』でも詳しく解説されています。

La belle-dame

ベラドンナ

ベラドンナという名前は、イタリア語の「bella donna（貴婦人）」から来ています。草本植物で、夏になると、紫がかった茶色の釣鐘型の花が咲き、開花後、がくの中央に、小粒なサクランボ大の黒くて光沢のある実がなります。この実は、ほんの10粒でも口にすると致命的で、子どもに至ってはそれよりも少ない量で死に至ることがあります。子どもがいる家庭では、うっかり採ったりしないよう、人通りのない場所を選んで植えるのがよいでしょう。

ベラドンナが神経系に作用することは古くから知られていて、その強い毒性から「魔女の軟膏」には欠かせないものとして珍重されていました。

ベラドンナを使った薬用軟膏もあります。魔女の軟膏と薬用軟膏のどちらが先に世に出たのかは謎ですが、ビンゲンのヒルデガルドによると、深い傷には「入手できる範囲で、ガチョウ、鹿、雄ヤギの脂肪少々とベラドンナの汁少々を混ぜ、（中略）これを軽く傷口に塗る」といいそうです。

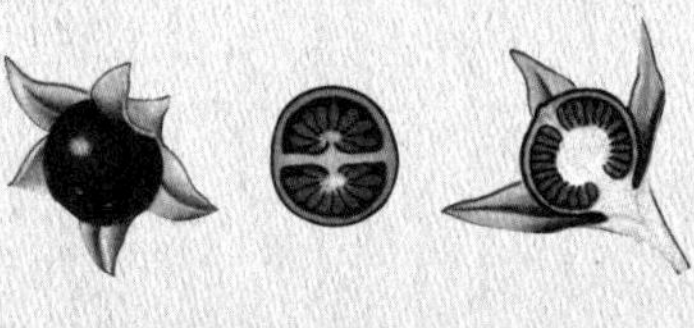

ベラドンナ（*Atropa belladona* Linné）
ナス科

Le casque-de-Jupiter

ヨウシュトリカブト

ヨウシュトリカブトは、世界で最も強毒の植物種の一つ。根も地上部分も猛毒を含んでいます。皮膚に触れただけでせん妄を引き起こし、ほんのわずかな量でも摂取すれば死に至るため、くれぐれも注意が必要な植物です。栽培を考えるなら、有毒植物コーナーだけにとどめておきましょう。小さいお子さんのいる家庭では、せめてお子さんが「近づいてはいけない」という指示が理解できる年齢になるまで待ちましょう。トリカブトは確かに美しく希少な植物ですが、その美しさを鑑賞するために危険を冒すことはありません。

「魔女の軟膏」に用いられるのは、経皮吸収作用があるためでしょう。魔女はヨウシュトリカブトをベラドンナやチョウセンアサガオ、ケシ、ヒヨスと混ぜて軟膏を調合し、麻痺状態に達して、ほうきに乗った飛行、魔女集会《サバト》への参加、オオカミや猫への変身など、ありとあらゆる幻想を作り上げて見せました。

また、「ヴィーナスの戦車」とも呼ばれ、危険を伴う催淫剤、堕胎罪として使われることもありました。

En bouquet

ヨウシュトリカブトの花束

ヨウシュトリカブトの花は、
ブーケにしたり花瓶に飾ったりすると
よく映えます。ただし毒があることに
変わりはないので、花が枯れたら
すぐに水を捨てて、
花瓶はしっかりと洗いましょう。

ヨウシュトリカブト
(*Acontitum napellus* Linné)
キンポウゲ科

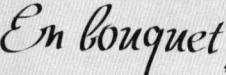

Poison redoutable

恐るべき毒

古代ローマの博物学者プリニウスから「植物のヒ素」と呼ばれたヨウシュトリカブトは、矢じりにつけられたり、死刑の執行に用いられたりしました。17世紀の「毒に通じた薬剤師」こと薬学者クリストフ・グラゼルは「毒となる草」を探すべくイタリアに派遣され、彼の探し当てた毒草がルイ14世宮廷での大がかりな毒殺事件に用いられたと言われていますが、それがヨウシュトリカブトだった可能性は否めません。フランスの文人セヴィニェ夫人も、娘に宛てた書簡の中でこの事件について言及しています。繁殖しやすい暑い地域に分布していることもあり、とても恐ろしい毒草なのです。

Chasse l'indésirable

魔除け

「ルーガルー」と呼ばれる人狼、吸血鬼、「ストリガ」と呼ばれる魔物はヨウシュトリカブトを忌み嫌っていて、新鮮な花が吊り下げられている家には、用心して決して近づこうとしませんでした。

ヨウシュトリカブトの花は「あなたにはうんざり」というメッセージも発しているので、しつこい求婚者も寄せつけません。

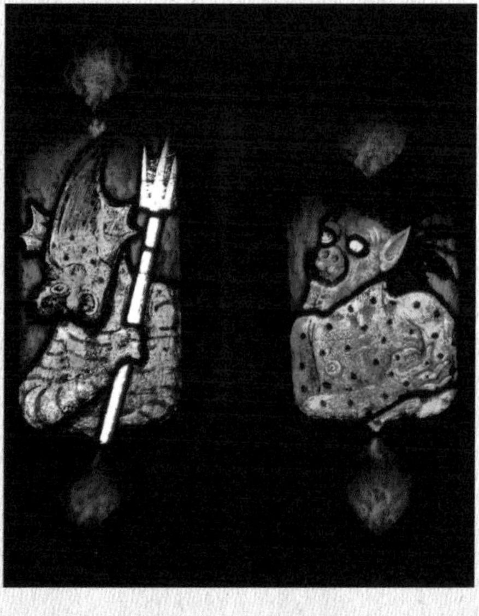

L'épurge

ホルトソウ

茎を折るとにじみ出る乳液や種子に強い毒性があるとされます。神、あるいは悪魔に仕える聖職者、シャーマン、魔女、占い師など、超自然領域で活動する人々と深い所縁《ゆかり》があり、「魔女の軟膏」にも使われます。

ホルトソウは地下で活動するモグラから庭を守ると言われますが、この説には賛否両論があります。筆者の庭の隣の区画にもホルトソウがいくつか生えています。もともと植えたのは所有者のお父様で（ホルトソウは自分で種をまき散らし、毎年違う場所から生えてきます）、ずいぶん前に植えて以降、モグラは一匹も来なくなったそうです。

おかげで、筆者の区画の大部分もモグラから守られているようです。モグラが来ないことはないのですが、来るとしてもホルトソウが生えているところから一番離れた場所です。

ホルトソウ
(*Euphorbia lathyris* Linné)
トウダイグサ科

L'herbe-aux-verrues

ヨウシュクサノオウ

古代の薬草論には「ヨウシュクサノオウには食べると（中略）毒になる汁が含まれていて、とても熱く有害だ」と書かれています。実際、葉を切ったり茎を折ったりすると、刺激臭のある苦くて黄色い汁が出てきます。「イボの薬草」とも呼ばれ、この植物の汁と古いラードで作った軟膏を皮膚に塗ると、皮膚潰瘍に効くそうです。ビンゲンのヒルデガルトによれば、汁そのものをイボに塗ると（ただしイボからはみ出さないこと）、すぐに治るとか。

また、何事にも象徴の兆しを見ようとする錬金術師たちは、ヨウシュクサノオウの黄色い汁液には、卑金属を金に変える力があると考えました。

古代から中世まで、植物界の「精髄」を手に入れるには、植物学者、薬草売り、占星術師、錬金術師、そしておそらく妖術師の能力が必要とされたのです。

薬用軟膏と魔女の軟膏の差は紙一重。ケシやポピーと同じくヨウシュクサノオウはケシ科の植物で、麻酔作用があり、幻想的な夢を誘います。特に幻覚作用のある植物とオオカミの脂肪を混ぜてコウモリの血で煮ると、効果てきめんなんだとか。

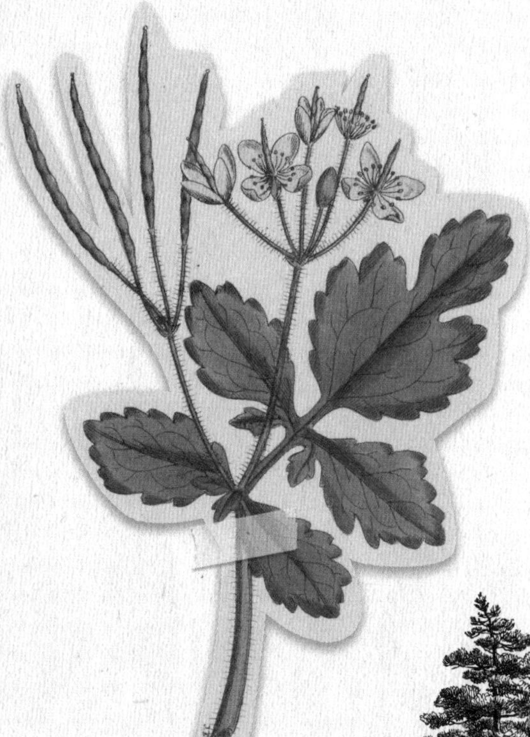

ヨウシュクサノオウ

（*Chelidonium majus* Linné）

ケシ科

Le lis de la vallée
ドイツスズラン

ドイツスズランは心と脳に働きかけるとても強力な薬草の一つで、めまい、失神、てんかんの治療に用いられていました。効果の源は水溶性の物質ですが、深刻な中毒を引き起こすこともあります。頻繁に吸引すると想像力を刺激し、創造性を高め、記憶力を強化して、知性を鋭くします。

心臓への効果のほどは医学的というよりもむしろ象徴の領域で、フランスでは5月1日に愛する人にスズランを贈って「心」のうちを明かします。

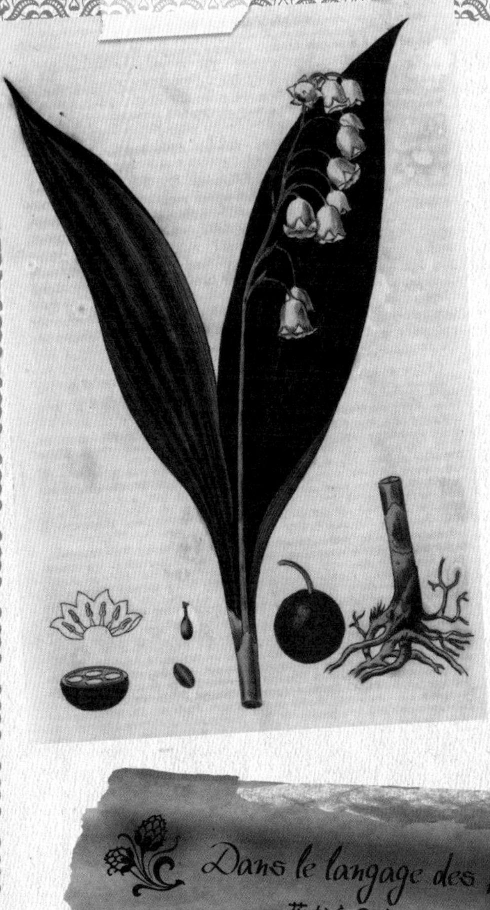

ドイツスズラン
（*Convallaria majales*
Linné）
キジカクシ科

Dans le langage des fleurs
花からのメッセージ

花束の中にスズランが入っていたら、
それとなくブレーキをかけている証拠。
「恋は横に置いておいて、友達のままでいましょう」との
メッセージが込められています。

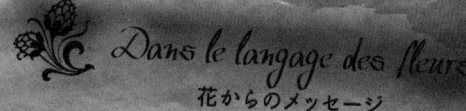

Index

索引

さ

た

な

は

ま

や

ら

わ

Bibliographie

参考文献

L'Abécédaire des plantes aromatiques et médicinales, Laïs E., Flammarion, 2001.

Les Admirables Secrets de magie naturelle du Grand Albert et du Petit Albert, Albin Michel, 1967.

Biblia Sacra Vulgata, Deutsche Bibelgesellschaft, Stuttgart, 1994.

La Botanique redécouverte, Raynal-Roques A., Belin, 1994.

Bouturez toutes les plantes, Retournard D., Éditions Rustica, 1992.

La Cuisine des plantes sauvages, Boisvert C., Dargaud, 1984.

Culpeper's Complete Herbal, Culpeper N., Wordsworth Editions Ltd, Ware, Hertfordshire, 1995.
〔ニコラス・カルペパー『カルペパーハーブ事典』木村正典監修、戸坂藤子訳、パンローリング、2015年〕

Culture et cueillette des plantes médicinales et aromatiques protégées de la flore française (Aspects réglementaires), CNPMAI, Milly-la-Forêt, 1998.

Daehnckes Beeren Kompass, Daehncke R. M. et S., Graefe und Unzer, (s. d.).

Das Buch der Gewuerze, Goeck R., Mosaik Verlag GmbH, München, 1997.

Das Grosse Kraeuterheilbuch, Kuenzle J., Walter-Verlag, Olten, (s. d.).

Dictionnaire du diable et de la démonologie, Tondriau J. et Villeneuve R., Marabout Université, Éditions Gérard & Cop 1968.

Dictionnaire des symboles, Oesterreicher-Mollwo M., Brépols, (1990) 1992.

L'Encyclopédie des herbes magiques, Cunningham S., Sand, 1987.

La Flore, Sébillot C., Éditions Imago, 1985.

Flore forestière française, Vol. 1, Rameau J. C., Mansion D. et Dumé G., Institut pour le développement forestier, Ministère de l'Agriculture et de la Pêche, 1989.

La Forêt, milieu vivant, Abbadie L. et Baudouin M., Bordas, 1990.

Guérisseurs et remèdes populaires dans la France ancienne, Ribon P., Éditions Horvath, 1983.

Guide des arbres et arbustes d'Europe, Quartier A. et Bauer-Bovet P., Delachaux et Niestlé, 1982.

Guide mythologique de la Grèce et de Rome, Hacquard G., Hachette, 1976.

Guide des plantes médicinales, Schauenberg P. et Paris F., Delachaux & Niestlé, 1977.

Les Hellébores, Lemonnier M., Éditions Franklin Picard, 2000.

Les Haies, Retournard D., Éditions Rustica, 1999.

Herbalia, n° 27, 1er trimestre 2002.

Hexenmedizin, Mueller-Ebeling C., Raetsch C. et Storl W-D., AT Verlag, Aarau (Suisse), 2001.

Histoires et légendes du diable, Seignolle C., Tchou Éditeur, 1973.

Des Hommes et des plantes, «Plantes méditerranéennes, vocabulaire et usages anciens », Table ronde Aix-en-Provence, Cahier d'histoire des techniques n° 2. Université de Provence, service des publications.

Jardinez avec la Lune 2017, Céleste, Éditions Rustica.

Kochbuch, Neuzeitliche Ernaehrungs- und Nahrungsmittellehre, Horn P., Verlag Boltze, Karlsruhe, 1931.

Kraut und Unkraut zum Kochen und Heilen, Hollerbach E. et K., Heinrich Hugendubel Verlag, München, 1998.

Le Légendaire des provinces françaises, Devigne R., Horizons de France, 1950.

Lexikon der Heilpflanzen, Lingen Verlag, Koeln, 1976.

Le Livre des bonnes herbes, Lieutaghi P., Robert Morel Éditeur, 1966.

Le Livre des mauvaises herbes, Ferran P., Robert Morel Éditeur, 1969.

Le Livre des simples médecines, Platearius, Éditions Ozalid et Textes Cardinaux, 1986.

Le Livre des subtilités des créatures divines - Tome I. Plantes, pierres, métaux, éléments, Hildegarde de Bingen, Éditions Jérôme Millon, 1987.

Macbeth, Verdi G., CD, Deutsche Grammophon GmbH, 1996.

The Magic of Herbs, Conway D., Herts. Mayflower Books Limited, Frogmore, St Albans, 1975.

Les Mots latins, Martin F., Hachette, 1976.

La Mythologie, Hamilton E., Éditions Gérard & Co, 1962.

Neue-Welt- Uebersetzung der Heiligen Schrift, Wachtturm Bibel- und Traktat- Gesellschaft, Selters / Taunus, 1985.

Nouvelle Flore pour la détermination facile des plantes de la Région parisienne, Bonnier G. et de Layens G., Librairie Générale de l'Enseignement, 1970.

Œuvres complètes, Rabelais, Bibliothèque de la Pléiade, Gallimard, 1955.

Les Plantes des dieux, Evans Schultes R. et Hofman A., Les Éditions du Lézard, (1979) 1993.

Quelle est donc cette fleur ?, Aichele D., Nathan, 1975.

Les « Recettes de la joie » avec sainte Hildegarde, Fournier-Rosset J., Éditions Téqui, 2000.

Selbstversorgung aus dem Garten, Seymour J., Verlag Otto Maier, Ravensburg.

The Teachings of Don Juan : a Yaqui way of Knowledge, Castaneda C., California, University of California Press, Berkeley, 1975.
〔カルロス・カスタネダ『ドン・ファンの教え（新装版）』真崎義博訳、太田出版、2012年〕

Tour de France des métiers d'autrefois et de toujours, Bailhe C., Milan, 1986.

La Véritable Cuisine provençale et niçoise, Escudier J.-N., UNIDE, 1974.

La Vie conjugale sous l'Ancien Régime, Lebrun F., Armand Colin, 1993.
〔フランソワ・ルブラン『アンシアン・レジーム期の結婚生活』藤田苑子訳、慶應義塾大学出版会、2001年〕

Wunderwelt der Heilpflanzen, Furlenmeier M., Dr. med., Rheingauer Verlagsgesellschaft, Eltville am Rhein, 1978.

Flore magique et astrologique de l'Antiquité, Guy DUCOURTHIAL, Éditions Belin, Paris, 2003.

L'Apothicaire, Henri LŒVENBRUCK, Éditions Flammarion, Paris, 2011.

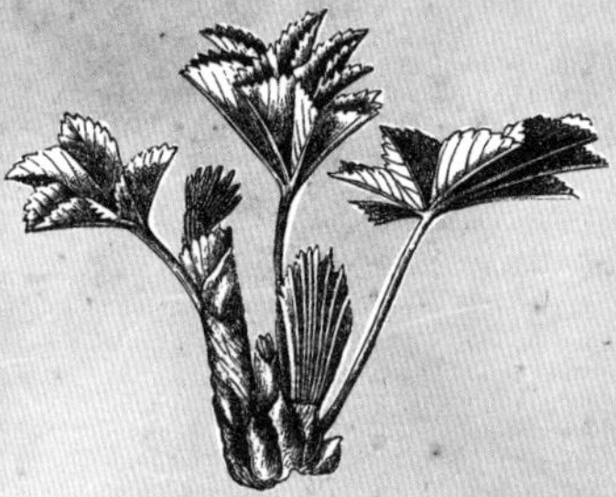

Remerciements

謝辞

実験用に数種の植物をご提供くださった香水用、薬用、香料用、産業用植物国立保存研究院（CNPMAI）の研究員ベルナール・パスキエ氏に厚くお礼申し上げます。

筆者の調査を積極的にご支援くださった香水用、薬用、香料用植物職種間技術研究所（ITEIPMAI）の農学技術者ジャン=ピエール・ブーヴラ=ベルニエ氏とジル・ヴェルニオ氏、資料をご提供くださった香水用、香料用、薬用植物職種間国立協会（ONIPPAM）のダニエル・ハートマン氏、様々な問い合わせに快くご対応くださった種苗店の皆さま、そして優れた能力と厚意を通してご支援下さったシャンティ市立図書館の皆さまに心より感謝いたします。

監修者プロフィール

和田浩志（わだ・ひろし）

東京理科大学薬学部修士課程修了。2020年まで東京理科大学で教鞭を執る傍ら、『小学館図鑑NEOシリーズ 植物』など多くの植物関連の書籍を執筆監修。現在は昭和薬科大学薬学部にて非常勤講師、公益社団法人東京生薬協会委員。専門は薬用植物学、天然物化学。

Crédits

画像クレジット

Couverture :
Kharbine-Tapabor et **iStock.**

Intérieur :

Biosphoto
Natural History Museum London/ Science Photo Library : p.30 ; *D.R.* : pp. 37, 39.

Kharbine-Tapabor
pp. 2-3, 4-5, 28, 101, 110 ; *Cowen* : p. 105 ; *Flo* : pp. 17(d), 48 ; *Florilegius* : p.63 ; *IM* : p. 22 ; *Jonas* : pp. 32, 107 ; *Mx* : p. 51 (hd) ; *SSPL* : p. 25 (a) ; *Vav* : p.75.

Leemage
Bianchetti : p. 18 ; *British Library Board/Robana* : pp. 90 (d), 104 ; *Costa* : pp. 38, 87 ; *DeAgostini* : pp. 8, 11 ;
Electa : pp. 111 ; *Florilegius* : pp.72, 90 (g) ; *Gusman* : p.51b ; *Héritage Images* : p. 56 ; *ImageBroker* : pp. 59 ; *Lee* : pp. 69, 101 ; *Luisa Ricciarni* : p. 57 ; *PrismaArchivo* : p. 27h ; *Selva* : p.51 (hg) ; *Veneranda Biblioteca Ambrosiana/Dea* : p.65.

Photo12
Florilegius/Alamis : pp.17 (a, b, c), 23 (b), 43b, 46, 69, 75, 79, 82, 103, 106 ; *LisztCollection* : p. 109.

Rustica
pp. 5, 9, 12, 13, 14, 15, 25, 27b, 31, 40, 43h, 49, 54, 61, 64, 67, 73, 74, 76, 78, 85, 86, 109

Shutterstock
Gardes et pp. 6, 20.

uq

ひみつの本棚シリーズ

魅惑の蘭事典
世界のオーキッドと秘密の物語
ISBN:978-4-7661-3422-3

神秘のユニコーン事典
幻獣の伝説と物語
ISBN:978-4-7661-3522-0

禁断の毒草事典
魔女の愛したポイズンハーブの世界
ISBN:978-4-7661-3649-4

月夜の黒猫事典
知られざる歴史とエピソード
ISBN:978-4-7661-3787-3

魔女の秘薬事典
忌々しくも美しい禁断のハーブ
ISBN:978-4-7661-3788-0

夢幻の動物事典
魔法の生きものか、それとも悪魔か
ISBN:978-4-7661-3928-0

魔女《まじょ》の秘薬事典《ひやくじてん》

~ 忌々《ゆゆ》しくも美《うつく》しい禁断《きんだん》のハーブ~

2023年 9月25日 初版第1刷発行
2024年10月25日 初版第4刷発行

著　者　エリカ・ライス
（©Erika Läis）

発行者　津田淳子
発行所　株式会社 グラフィック社
〒102-0073
東京都千代田区九段北1-14-17
Phone 03-3263-4318
Fax 03-3263-5297
https://www.graphicsha.co.jp

制作スタッフ
監修　和田浩志
翻訳　ダコスタ吉村花子
組版・カバーデザイン　神子澤知弓
編集　金杉沙織
制作・進行　三逵真知子・本木貴子（グラフィック社）

ISBN 978-4-7661-3788-0　C0076
Printed in China